《蘇州全書》編纂出版委員會 編

·〔寶祐〕重修琴川志

蘇州全書

甲編

古吳軒出版社
蘇州大學出版社

圖書在版編目（CIP）數據

〔寶祐〕重修琴川志 / (宋) 孫應時纂修 ; (宋) 鮑廉續修 ; (元) 盧鎮增修 . -- 蘇州 : 古吳軒出版社 : 蘇州大學出版社 , 2022.12

（蘇州全書）

ISBN 978-7-5546-2072-4

Ⅰ. ①寶… Ⅱ. ①孫… ②鮑… ③盧… Ⅲ. ①常熟—地方志—宋代②常熟—地方志—元代 Ⅳ. ① K295.33

中國版本圖書館 CIP 數據核字（2022）第 256285 號

責任編輯 李愛華
裝幀設計 周 晨 李 璇
責任校對 顧 熙

書　　名 〔寶祐〕重修琴川志
纂　　修 〔宋〕孫應時
續　　修 〔宋〕鮑 廉
增　　修 〔元〕盧 鎮
出版發行 古吳軒出版社
地址：蘇州市八達街118號蘇州新聞大厦30F　電話：0512-65233679
蘇州大學出版社
地址：蘇州市十梓街1號　電話：0512-67480030
印　　刷 常州市金壇古籍印刷廠有限公司
開　　本 889 × 1194　1/16
印　　張 26.5
版　　次 2022 年 12 月第 1 版
印　　次 2022 年 12 月第 1 次印刷
書　　號 ISBN 978-7-5546-2072-4
定　　價 260.00 元

《蘇州全書》編纂工程

總主編

曹路寶　吳慶文

學術顧問（按姓名筆畫爲序）

王　芳　王　宏　王　堯　王　鍔　王紅蕾　王華實　王爲松　王衛平
王餘光　王鍾陵　朱棟霖　朱誠如　任　平　全　勤　江慶柏　江澄波
汝　信　阮儀三　杜澤遜　李　捷　吳　格　吳永發　何建明　言恭達
沈坤榮　沈燮元　武秀成　范小青　范金民　茅家琦　周　秦　周少川
周國林　周勛初　周新國　胡可先　胡曉明　姜　濤　姜小青　韋　力
姚伯岳　馬亞中　袁行霈　華人德　莫礪鋒　徐　俊　徐　海　徐　雁
徐惠泉　徐興無　唐力行　陸振嶽　陸儉明　陳子善　陳正宏　陳尚君
陳紅彦　陳廣宏　黃愛平　黃顯功　崔之清　張乃格　張志清　張伯偉
張海鵬　葉繼元　葛劍雄　單霽翔　程章燦　程毅中　喬治忠　鄔書林
賀雲翱　詹福瑞　趙生群　廖可斌　熊月之　樊和平　劉　石　劉躍進
閻曉宏　錢小萍　戴　逸　韓天衡　嚴佐之　顧　薌

前言

中華文明源遠流長，文獻典籍浩如烟海。這些世代累積傳承的文獻典籍，是中華民族生生不息的文脉和根基。蘇州作爲首批國家歷史文化名城，素有『人間天堂』之美譽。自古以來，這裏的人民憑藉勤勞和才智，創造了極爲豐厚的物質財富和精神文化財富，使蘇州不僅成爲令人嚮往的『魚米之鄉』，更是實至名歸的『文獻之邦』，爲中華文明的傳承和發展作出了重要貢獻。

蘇州被稱爲『文獻之邦』由來已久，早在南宋時期，就有『吳門文獻之邦』的記載。宋代朱熹云：『文，典籍也；獻，賢也。』蘇州文獻之邦的地位，是歷代先賢積學修養、劬勤著述的結果。明人歸有光《送王汝康會試序》云：『吳爲人材淵藪，文字之盛，甲於天下。』朱希周《長洲縣重修儒學記》亦云：『吳中素稱文獻之邦，蓋子游之遺風在焉，士之嚮學，固其所也。』《江蘇藝文志·蘇州卷》收録自先秦至民國蘇州作者一萬餘人，著述達三萬二千餘種，均占江蘇全省三分之一强。古往今來，蘇州曾引來無數文人墨客駐足流連，留下了大量與蘇州相關的文獻。時至今日，蘇州仍有約百萬册的古籍留存，入選『國家珍貴古籍名録』的善本已達三百一十九種，位居全國同類城市前列。其中的蘇州鄉邦文獻，歷宋元明清，涵經史子集，寫本刻本，交相輝映。此外，散見於海内外公私藏家的蘇州文獻更是不可勝數。它們載録了數千年傳統文化的精華，也見證了蘇州曾經作爲中國文化中心城市的輝煌。

蘇州文獻之盛得益於崇文重教的社會風尚。春秋時代，常熟人言偃就北上問學，成爲孔子唯一的南方弟子。歸來之後，言偃講學授道，文開吳會，道啓東南，被後人尊爲『南方夫子』。西漢時期，蘇州人朱買臣負薪讀書，穹窿山中至今留有其『讀書臺』遺迹。兩晉六朝，以『顧陸朱張』爲代表的吳郡四姓涌現出大批文士，在不少學科領域都貢獻卓著。及至隋唐，蘇州大儒輩出，《隋書·儒林傳》十四人入傳，其中籍貫吳郡者二人；《舊唐書·儒學傳》三十四人入正傳，其中籍貫吳郡（蘇州）者五人。文風之盛可見一斑。北宋時期，范仲淹在家鄉蘇州首創州學，並延名師胡瑗等人教授生徒，此後縣學、書院、社學、義學等不斷興建，蘇州文化教育日益發展。故明人徐有貞云：『論者謂吾蘇也，郡甲天下之郡，學甲天下之學，人才甲天下之人才，偉哉！』在科舉考試方面，蘇州以鼎甲萃集爲世人矚目，清初汪琬曾自豪地將狀元稱爲蘇州的土産之一，有清一代蘇州狀元多達二十六位，占全國的近四分之一，由此而被譽爲『狀元之鄉』。近現代以來，蘇州在全國較早開辦新學，發展現代教育，涌現出顧頡剛、葉聖陶、費孝通等一批大師巨匠。中華人民共和國成立後，社會主義文化教育事業蓬勃發展，蘇州英才輩出、人文昌盛，文獻著述之富更勝於前。

蘇州文獻之盛受益於藏書文化的發達。蘇州藏書之風舉世聞名，千百年來盛行不衰，具有傳承歷史長、收藏品質高、學術貢獻大的特點，無論是卷帙浩繁的圖書還是各具特色的藏書樓，以及延綿不絶的藏書傳統，都成爲中華文化重要的組成部分。據統計，蘇州歷代藏書家的總數，高居全國城市之首。南朝時期，蘇州就出現了藏書家陸澄，藏書多達萬餘卷。明清兩代，蘇州藏書鼎盛，絳雲樓、汲古閣、傳是樓、百宋一廛、藝芸書舍、鐵琴銅劍樓、過雲樓等藏書樓譽滿海内外，彙聚了大量的珍貴文獻，對古代典籍的收藏保護厥功至偉，亦於文獻校勘、整理裨益甚巨。《舊唐書》自宋至明四百多年間已難以考覓，直至明嘉靖十七年（一五三八），聞人詮在蘇州爲官，搜討舊籍，方從吳縣王延喆家得《舊唐書》『紀』和『志』部分，從長洲張汴家得《舊唐書》『列傳』部分，『遺籍俱出宋時模板，旬月之間，二美璧合』，于是在蘇州府學中槧刊，《舊唐書》自此得以彙而成帙，復行於世。清代嘉道年間，蘇州黄丕烈和顧廣圻均爲當時藏書名家，且善校書，『黄跋顧校』在中國文獻史上影響深遠。

蘇州文獻之盛也獲益於刻書業的繁榮。蘇州是我國刻書業的發祥地之一，早在宋代，蘇州的刻書業已經發展到了相當高的水平，至今流傳的杜甫、李白、韋應物等文學大家的詩文集均以宋代蘇州官刻本爲祖本。宋元之際，蘇州磧砂延聖院還主持刊刻了中國佛教史上著名的《磧砂藏》。明清時期，蘇州成爲全國的刻書中心，所刻典籍以精善享譽四海，明人胡應麟有言：『凡刻之地有三，吴也、越也、閩也。』他認爲『其精，吴爲最』，『其直重，吴爲最』。又云：『余所見當今刻本，蘇常爲上，金陵次之，杭又次之。』清人金埴論及刻書，仍以胡氏所言三地爲主，則謂『吴門爲上，西泠次之，白門爲下』。明代私家刻書最多的汲古閣、清代坊間刻書最多的掃葉山房均爲蘇州人創辦，晚清時期頗有影響的江蘇官書局也設於蘇州。據清人朱彝尊記述，汲古閣主人毛晉『力搜秘册，經史而外，百家九流，下至傳奇小説，廣爲鏤版，由是毛氏鋟本走天下』。由於書坊衆多，蘇州還産生了書坊業的行會組織崇德公所。明清時期，蘇州刻書數量龐大，品質最優，裝幀最爲精良，爲世所公認，國内其他地區不少刊本也都冠以『姑蘇原本』，其傳播遠及海外。

蘇州傳世文獻既積澱着深厚的歷史文化底藴，又具有穿越時空的永恒魅力。從范仲淹的『先天下之憂而憂，後天下之樂而樂』，到顧炎武的『天下興亡，匹夫有責』，這種胸懷天下的家國情懷，早已成爲中華民族精神的重要組成部分，傳世留芳，激勵後人。南朝顧野王的《玉篇》，隋唐陸德明的《經典釋文》、陸淳的《春秋集傳纂例》等均以實證明辨著稱，對後世影響深遠。明清時期，馮夢龍的《喻世明言》《警世通言》《醒世恒言》，在中國文學史上掀起市民文學的熱潮，具有開創之功。吴有性的《温疫論》、葉桂的《温熱論》，開温病學研究之先河。蘇州文獻中藴含的求真求實的嚴謹學風、勇開風氣之先的創新精神，已經成爲一種文化基因，融入了蘇州城市的血脉。不少蘇州文獻仍具有鮮明的現實意義。明代費信的《星槎勝覽》，是記載歷史上中國和海上絲綢之路相關國家交往的重要文獻。鄭若曾的《籌海圖編》和徐葆光的《中山傳信録》，爲釣魚島及其附屬島嶼屬於中國固有領土提供了有力證據。魏良輔的《南詞引正》、嚴澂的《松絃館琴譜》、計成的《園冶》，分别是崑曲、古琴及園林營造的標志性成果，這些藝術形式如今得以名列世界文化遺産，與上述名著的嘉惠滋養密不可分。

維桑與梓，必恭敬止；文獻流傳，後生之責。蘇州先賢向有重視鄉邦文獻整理保護的傳統。方志編修方面，范成大《吴郡志》爲方志創體，其後名志迭出，蘇州府縣志、鄉鎮志、山水志、寺觀志、人物志等數量龐大，構成相對完備的志書系統。地方總集方面，南宋鄭虎臣輯《吴都文粹》、明錢穀輯《吴都文粹續集》、清顧沅輯《吴郡文編》先後相繼，收羅宏富，皇皇可觀。常熟、太倉、崑山、吴江諸邑，周莊、支塘、木瀆、甪直、沙溪、平望、盛澤等鎮，均有地方總集之編。及至近現代，丁祖蔭彙輯《虞山叢刻》《虞陽説苑》，柳亞子等組織『吴江文獻保存會』，爲搜集鄉邦文獻不遺餘力。江蘇省立蘇州圖書館於一九三七年二月舉行的『吴中文獻展覽會』規模空前，展品達四千多件，並彙編出版吴中文獻叢書。然而，由於時代滄桑，圖書保藏不易，蘇州鄉邦文獻中『有目無書』者不在少數。同時，囿於多重因素，蘇州尚未開展過整體性、系統性的文獻整理編纂工作，許多文獻典籍仍處於塵封或散落狀態，没有得到應有的保護與利用，不免令人引以爲憾。

進入新時代，黨和國家大力推動中華優秀傳統文化的創造性轉化和創新性發展。習近平總書記强調，要讓收藏在博物館裏的文物、陳列在廣闊大地上的遺産、書寫在古籍裏的文字都活起來。二〇二二年四月，中共中央辦公廳、國務院辦公廳印發《關於推進新時代古籍工作的意見》，確定了新時代古籍工作的目標方向和主要任務，其中明確要求『加强傳世文獻系統性整理出版』。盛世修典，賡續文脉，蘇州文獻典籍整理編纂正逢其時。二〇二二年七月，中共蘇州市委、蘇州市人民政府作出編纂《蘇州全書》的重大決策，擬通過持續不斷努力，全面系統整理蘇州傳世典籍，着力開拓研究江南歷史文化，編纂出版大型文獻叢書，同步建設全文數據庫及共享平臺，將其打造爲彰顯蘇州優秀傳統文化精神的新陣地，傳承蘇州文明的新標識，展示蘇州形象的新窗口。

『睹喬木而思故家，考文獻而愛舊邦。』編纂出版《蘇州全書》，是蘇州前所未有的大規模文獻整理工程，是不負先賢、澤惠後世的文化盛事。希望藉此系統保存蘇州歷史記憶，讓散落在海内外的蘇州文獻得到挖掘利用，讓珍稀典籍化身千百，成爲認識和瞭解蘇州發展變遷的津梁，並使其中蘊含的積極精神得到傳承弘揚。

觀照歷史，明鑒未來。我們沿着來自歷史的川流，承荷各方的期待，自應負起使命，砥礪前行，至誠奉獻，讓文化薪火代代相傳，並在守正創新中發揚光大，爲推進文化自信自强、豐富中國式現代化文化内涵貢獻蘇州力量。

《蘇州全書》編纂出版委員會

二〇二二年十二月

凡例

一、《蘇州全書》（以下簡稱『全書』）旨在全面系統收集整理和保護利用蘇州地方文獻典籍，傳播弘揚蘇州歷史文化，推動中華優秀傳統文化傳承發展。

二、全書收録文獻地域範圍依據蘇州市現有行政區劃，包含蘇州市各區及張家港市、常熟市、太倉市、崑山市。

三、全書着重收録歷代蘇州籍作者的代表性著述，同時適當收録流寓蘇州的人物著述，以及其他以蘇州爲研究對象的專門著述。

四、全書按收録文獻内容分甲、乙、丙三編。每編酌分細類，按類編排。

（一）甲編收録一九一一年及以前的著述。一九一二年至一九四九年間具有傳統裝幀形式的文獻，亦收入此編。按經、史、子、集四部分類編排。

（二）乙編收録一九一二年至二〇二一年間的著述。按哲學社會科學、自然科學、綜合三類編排。

（三）丙編收録就蘇州特定選題而研究編著的原創書籍。按專題研究、文獻輯編、書目整理三類編排。

五、全書出版形式分影印、排印兩種。甲編書籍全部采用繁體竪排；乙編影印類書籍，字體版式與原書一致；乙編排印類書籍和丙編書籍，均采用簡體横排。

六、全書影印文獻每種均撰寫提要或出版説明一篇，介紹作者生平、文獻内容、版本源流、文獻價值等情况。影印底本原有批校、題跋、印鑒等，均予保留。底本有漫漶不清或缺頁者，酌情予以配補。

七、全書所收文獻根據篇幅編排分册，篇幅適中者單獨成册，篇幅較大者分爲序號相連的若干册，篇幅較小者按類型相近原則數種合編一册。數種文獻合編一册以及一種文獻分成若干册的，頁碼均連排。各册按所在各編下屬細類及全書編目順序編排序號。

〔寶祐〕重修琴川志

〔宋〕孫應時 纂修 〔宋〕鮑廉 續修 〔元〕盧鎮 增修

據常熟市圖書館藏清曹炎鈔本影印。

提要

《〔寶祐〕重修琴川志》十五卷，宋孫應時纂修，鮑廉續修，元盧鎮增修。

孫應時（一一五四—一二〇六），字季和，號燭湖居士。宋餘姚人。淳熙二年（一一七五）進士，慶元二年（一一九六）任常熟知縣。鮑廉（？—一二七五），宋龍泉人。淳祐十二年（一二五二）以宣教郎任常熟知縣。後以抗元殉節。盧鎮，字子安，元淮南人。至正二十二年（一三六二），以領兵副元帥兼知常熟。

常熟別稱『琴川』，纂修縣志自孫應時始。孫氏在任期間初修，其後知縣葉凱又有增修，然其本今皆不傳。至寶祐二年（一二五四），鮑廉聘邑人鍾秀實、胡淳等，就孫、葉舊志重加修飾，旁搜博采，定爲十門，分類叙述。鮑志爲常熟現存最早縣志。至正時，盧鎮屬耆老顧德昭等遍尋舊本，考證異同，補所未載，重刊行世。

《〔寶祐〕重修琴川志》共十五卷。卷一至二叙縣，卷三叙官，卷四叙山，卷五叙水，卷六叙賦，卷七叙兵，卷八叙人，卷九叙産，卷十叙祠，卷十一至十三叙文，卷十四題詠，卷十五拾遺。本志以文獻記載詳明著稱，爲研究宋元時期常熟乃至江南地區之重要文獻。書中《叙水》記録『常熟二十四浦』等，保存水利與環境史珍貴資料。《叙賦》實録常熟縣財政與賦役情況，反映當時經濟發展程度。《叙兵》所録滸浦水軍情況，可補《宋史》等記載之不足。清人阮元曾評此書：『其於城池之形勢、山水之崇深，與夫兵賦之多寡、文獻之昭垂，罔不記載詳明，了無餘藴。是可與施宿《嘉泰會稽志》、梁克家《淳熙三山志》抗衡，非明人全用己説者可比。』可見評價之高。

《〔寶祐〕重修琴川志》元刻本已失傳，明清有多種刻本和鈔本。本次影印以常熟市圖書館藏清曹炎鈔本爲底本，原書高二十七・八厘米，廣十七・八厘米。書前鈐『汪士鐘藏』『鐵琴銅劍樓』諸印，書後有黄丕烈嘉慶二年（一七九七）跋，並鈐有『士禮居』『黄丕烈印』『蕘圃』『讀未見書齋收藏』等印。

琴川志敘

知常熟州事莊南盧君嘗以古者郡國有圖風土有記所以備一方之紀載今之志書即古之圖記也其可廢乎哉然常熟舊志自宋兵南渡版籍不存至慶元丙辰縣令孫應時始編次爲書其後縣升爲州歷年浸遠而是書之存焉者寡且丙辰以後續其所未備者後未有其人非缺典歟乃亟訪孫令所編而重正之合十有五卷仍其舊名而題之曰重修琴川志予得而讀之然後知君之善爲政也夫士之善爲政者必先其所急以及其所緩爲之衣食以厚民之生爲之教化以淑民之德獄訟以戒其不率賦斂以正其不均此最其所急而不可緩者也至於攷其人物之愚智風俗之盛衰以及生産之同異山川之險夷

凡此之類蓋差可緩而不可廢者也故用事於一州者得通敏有爲之士則將裁正乎緩急之間而不謬其序區别乎先後之際而不失其宜矣嗚呼若君之在常熟其殆庶幾於此者乎常熟爲吳之支郡以言其人物則姬泰伯之所逃夫差項籍之所霸也以言其風俗則有言游公子札之文雅朱買臣陸機雲兄弟之馳騁范蠡希文張季鷹之慷慨高舉也以言其生産則陸海鹽絺鍛冶之饒聞於東南也以言其山川則有海隅烏目之形勝大江東海之要害也若此數事蓋皆爲政者之不可以不考焉者也於是君之下車蓋逾年矣凡州政之所宜急者亦既悉舉而先之而又不廢其所緩歷攷前數事以成乎是書眞所謂通敏有爲之士哉昔周官職方氏掌天下之圖與其財用穀

畜之數要周知其利害則志書者蓋三代爲政之法而後世尤謹者之以爲先寬今君之爲迺能先民之所急而後及乎是故曰善爲政也書將鋟梓以行君命士友陸景元來謂予曰子執筆史館其言爲足徵幸爲我序之予雖不識君然聞君之爲政是州者頗悉故直書所聞以授之使後之人觀之亦足以感發而興起矣君名鎮字子安以領兵元帥兼知州事云至正乙巳正月望日金華戴良序

重修琴川志

姑蘇為吴王之故都今爲畿輔之大郡若常熟則為郡之大縣自春秋距今千六百餘年其壤地之間建置之沿革風物之變遷與夫事跡之涉於理亂善惡之繫於勸懲可書者宜若不可勝紀予家世東海南渡初曾叔大父光禄公仕于吴因寓于此予端平乙未方自淮來依宗黨始至嘗問客曰縣名常熟其義安在其始何時客應之曰紹興縣宰題名云梁改南沙爲常熟命名之義則不知也又問有圖經可以參考否曰所誌亦同有故老可以質問否曰亟可與語者及觀陸澄吴地記有吴郡常熟縣之文則齊代已有常熟之名非改於梁也吁宰是邑生長是邑雖更易之歲月名稱之意義且不及知它復何望焉此前

琴川志敘　三

人失於紀述故後人無所稽據遂使名都大邑傳信失寔良可歎已龍泉鮑君廉來綰縣章每以圖志未詳爲闕典於是與邑之秀民鍾君秀實胡君淳旁搜博采攷古訪舊裒輯會粹討論是正以增益其所未至迨再考後始能成編列爲十門條分類析固不敢謂盡無遺闕然視舊志則粗備也昔周官職方氏掌天下之圖與其財用穀畜之數要周知其利害蕭何收秦圖籍具知天下阨塞户口多少彊弱自非郡國有志風土有記何因而然茲事於縣政若緩而實切蓋傳今貽後所關者大鮑君可謂知所先務矣寶祐甲寅中元日朐山丘岳敘

總敘

郡有志邑亦有志志非文也所以述史而備記也聖人之於史亦嘗述而不作况邑志乎琴川舊志荒落丙辰慶元孫應時修飾之更八政庚午嘉定葉凱始取而廣其傳時久人殊事多闕且軼覽者病焉於是敘縣以表之有邑此有長有長此有丞下於丞曰簿尉酒税是爲縣官鎮有監寨有廵各庀乃職以贊其長故次之以敘官邑乎虞山之昜鄉招眞行山之南境則之秋報而西廼興福行山之北境則之宣化而北山縣之鎮也故次之以敘山縣有海嵎南沙常熟之異名又別曰琴川其義蓋内取七滄外取五浦要亦專指水爲言而溝洫之利以之江海之防以之故次之以敘水邑爲沮洳之區田疇衍沃而病于經界

之久壞端平始釐正之畝步既正賦役向平故次之以敘田中興重在江防禁旅舟師雲屯許水近又增福山新軍而縣之亐兵寨兵亦所不可廢故次之以敘兵山川蒼靈秀所蓄也虞山瑰奇琴川清澈其鍾而生之者亦必以異矣故次之以敘人人固有之物亦宜然土地所出風氣所宜殆不一種故次之以敘物內之道宮梵宇槩見述縣之目其以靈異著于鄉都間古迹頗可覆而邑人奉西方教者尤夥故次之以敘祠若夫斷碑仆碣之僅存新珉近琬之方揭樓墨于垣塗粉于樹亦足爲千古之證也故以敘文終焉博學宏辭科迪功郎新制西安撫司準備差遣褚中撰

重修琴川志目録

卷第一

敘縣
縣境　縣
縣城　門
坊　巷
廟學吴公祠附　社壇
公廨　館驛
亭樓　橋梁
倉庫　營寨
義阡　池

鎮　市
三岡　酒坊
卷第二
敘縣
縣界　鄉都
卷第三
敘官
縣令　縣丞
主簿　縣尉
監務　監鎮
巡檢

卷第四
敘山
卷第五
敘水
江防　海道
水利　湖
涇　塘
卷第六
敘賦
田　地
户口　税

苗　常平義倉
役錢　酒課
泊店　醋息
商稅　上供
錢庫　職田
縣役人　鄉役人
卷第七
敍兵
許浦水軍　顧逕水軍
寨兵　鋪兵
卷第八

敘人　人物
進士題名
隱逸
卷第九
敘産
卷第十
敘祠
廟　寺觀
冢墓
卷第十一至十三卷
敘文

碑記

卷第十四至十五卷終

題詠　　拾遺

按琴川志自宋南渡版籍不存其後慶元丙辰縣令孫應時嘗初修集迨嘉定庚午縣令葉凱始廣其傳至淳祐辛丑縣令鮑廉又加飾之然後是書乃爲詳悉自是迄今且百餘年顧編續者未有其人而舊梓則已殘毀無遺矣靖惟是州虞仲子游文化之地不可無紀爰屬耆老顧禎玿等徧求舊本公暇集諸士參攷異同重鋟諸梓其成書後凡所未載各附卷末總十有五卷仍曰重修琴川志其續志則始於

有元爲至正癸卯秋七月初吉守禦常熟領兵副元帥
兼平江路常熟州知州盧鎮謹識

此書卯於部麟武初得于興福寺而失去一卷予從
借觀兵部別以鈔本相示邑中好事間爲傳寫兵部
場後原本歸許文學潑美予又從借觀則失者已全
駭而叩之適南都書肆偶留殘帙爲文學所購也嗟
乎延平之劍越三百年離而復合眞非偶然吾邑典
故茲爲魯靈光兵部珍藏于昔文學裒輯于今俱可
嘉尚予之搜討亦不可謂不勤矣感而識之崇禎己
巳初秋龔立本書

邑志盧知州重修本最爲近古距今且四百年元本

殊不易見斧季從婁中友人覓得屬予校其家刻本隨又校得此本尚有舊圖五葉既不能親繪事又糢滅難于摹倣因姑緩置之康熙丁未季春六日常熟陸貽典識

邑乘在前明則有張修撰桑府判鄧管兩孝廉四家行于世嗣有龔姚馮陳四家私志而張志予終未之見也雖龔秋官澗孟當啟禎時已徧搜不獲況予后龔又百年乎乾隆已未夏五過錫蕃汪君齋見案頭有毛氏所刻琴川志一冊廼敕先陸先輩以丹黄二筆照元本行欵格式乙注增損讎對精工可稱善本爰假以歸手鈔成帙其或足以備輶軒之採擇爲方

隰之故實也哉是歲中秋日安晚老人周南拜手識
時年七十有

琴川志題跋　五

重修琴川志卷第一

敘縣

古制五鄙爲縣此鄙縣也四甸爲縣此州縣也王畿千里分爲百縣縣有四郡此畿縣也時縣大而郡小至春秋楚莊王滅陳遂縣陳則縣爲尤大戰國相侵大國分置郡邑縣鄙秦分三十六郡以監天下之縣而縣始統于郡矣是制一定迄今如之茲地之爲縣也自晉始而海虞南沙常熟凡三易名其更革當紀其沿襲當具其建置本末當攷其事目小大當詳俾考古以訂今者於此乎有稽焉故作敘縣

望常熟縣唐爲緊縣宋祥符圖經及九域志則曰望漢會稽郡吳縣有虞鄉乃縣地也吳孫權時嘗置虞農都尉於此晉武帝太康四年始建

為海虞縣仍屬吳郡按晉招眞治碑海虞縣者則虞農都尉太康置其宰成帝咸康七年分海虞置南沙縣屬晉陵郡今縣北三十里有南沙鄉齊以南沙為常熟縣今崑山縣一百三十里常熟故城是也　前志及紹興題名記皆謂梁改南沙為常熟然吳地記載仲雍家在吳郡常熟縣海虞山記乃齊永明間陸澄所作則在齊已有常熟之名曰梁改恐誤梁因之及置信義郡隋平陳郡廢縣屬吳州并所領海隅前京信義海虞興國南沙入焉治南沙城按梁書梁初分婁縣置信義郡大同初復分信義置崑山縣隋初廢信義入常熟時崑山亦廢故信義為常熟地至開皇十八年復置崑山縣信義當歸崑山又按吳郡志崑山西二十里有村曰信義土人或訛為鎮義據此二說則信義非常熟地矣然前志縣有信義坊又舊琴川橋亦名信義必有其故更俟博攷至唐高祖武德七年移於海虞城至齊門九十里即今治也若縣所以名之義則未有攷意若海虞以山南沙以地而常熟則或以土壤膏沃歲無水旱而名歟楊備詩有歲歲多收常熟日之句意亦可見今縣境有常熟山

在縣北三十餘里本名銅官山唐天寶中改爲常熟山則山並是因縣爲名耳又別名曰琴川此其顚末也然縣治前後橫一港凡七皆西受山水東注運河如琴絃今僅有一二通流餘皆堙塞或云五浦注江亦若琴絃或又云取言游絃歌之意然絃歌乃武城事於此言之而成附會矣

縣境

縣在郡東北百有五里東西九十里南北一百里是爲提封之境東五十里入崑山縣界西四十里入江陰軍江陰縣界南五十里入長洲縣界北五十里至揚子江以江□□爲界是爲四正之境東南九十里入崑山縣界以花瀆口爲界東北一百一十里入崑山縣界以浪港浦爲界西南一百一十里入常州無錫縣界西北一百七十里入江陰軍江陰縣界是爲四隅之境至杭州四百六十五里

縣城 諸城附

縣有城古制也張璽爲福祿令治爲百城最吕文爲綿竹令政爲諸城首古今地里志縣以城名者不一常熟縣城其廢已久而墅落諸城名尚可考前志云縣界相傳有城十二而舊所載者石城金鳳城尚墅城九里城凡四而已訪之近地有鵝城扈城朗城莫城餘未知其詳今縣東三十里有陶城閭城郭城利城皆有遺址而陶城尤大與莫城等合前志所載九城共十有二城縣接江陰東西相距僅百三十五里南北七十三里而城若何其多耶按唐廣明中盜賊群起詔諸道州縣於墅落許立城堡集民兵自衛城多或恐以此

縣城　前志云縣城周迴二百四十步高一丈厚四尺今不

存

石城　吳越春秋夫差興樂石城越絶書曰石城闔廬所置美人離城也輿地志云吳王離宮越王獻西施於此今縣北五里有石城里

金鳳城　在縣西北四十里

九里城　在縣北九里

扈城　在縣北五里

莫城　在縣南十二里　前志云莫城俗傳是莫耶鑄劍之所亦謂之劍城今有小廟云莫耶大王是也或謂之鏌鋣城有塘曰莫門縣東四十里又有莫城按寰宇記漢莫寵所築以捍海賊因名

尚墅城　在縣北十八里

鵝城　在縣東南

朗城　在縣東南

陶城　在縣

闔城　郭城

利城輿地志云晉元帝以海虞縣北境之土山立利城以處流民建炎間令李閎之建

門

東曰行春在縣東由三里橋虹橋梅里出許浦至江水曰東柵

西曰秋報在縣西由嶽廟虞山小山葛墅河陽蔡舍慶安出江陰軍界門外即尚湖水曰西柵

南曰承流在縣南由三里斜橋出吳墖至長洲縣界入府水曰南柵

北曰宣化在縣北由虞山北出頂山至市橋雞籠墓出尚墅

東北曰介福在縣東北由五里牌丁涇塘尚墅出福山至江水曰北柵

坊

市必有坊尚矣裴中令之集賢坊白太傅之履道坊昭君坊之緜盛處士坊之凄寂皆足以觀里仁驗民風也前志載常

熟凡十二坊曰言偃入學德政和風惠政隱仙崇德化合信義開元清真常平今皆不存或謂昔之坊今悉爲巷如子游巷意即言偃坊也而今之坊十有三則又各有其義

製錦坊在縣治之右與飛烏坊相對舊名太平坊

飛烏坊在縣治之左與製錦坊相對舊名仁壽坊

富民坊在縣東

春風坊在縣東以春風樓相對故名

興福坊在縣東北以崇教興福寺故名

壽安坊在縣西何家橋

叢桂坊在縣西北以冷副端兄弟連登科故名

衍慶坊在縣西北通慧日寺

聚星坊在縣西北以錢工富諸寓公皆居此故名

衮繡坊在縣西北以曾丞相居此故名西出秋報

紫微坊在縣西北以崔紫微居此故名

虞山坊在縣西北以登虞山故名

興賢坊在縣南以縣學居其左本名學道坊前令王爚建後令別桶改今名

卷

紀詹之居烏衣巷顧雍之居黃鸝巷皆因圖乘而傳縣有子游巷故後世以子游為吳人者以巷而知也

吳國言公東巷在縣西北舊名子游巷　吳國言公西巷在縣西北

市心巷在縣西　青果巷在縣東商賈交易之地

新街巷在縣東　金馳巷在縣南

廟巷在縣東南　鎮橋北巷在縣西

白家巷在縣東南　朱師巷在縣西北卹巷南

曾家巷在縣西南養濟院南　卹巷在縣西北

何家巷在縣西以何家橋故名　冷家巷在縣東北

捕盜巷在縣東北

廟學

黨有庠遂有序二十五家里門有塾古之鄉校也郡縣分而
鄉校廢寧百里而興學者載於歷代之史不過數十人他無
所見然大興則不尠矣宋均在辰昜禁絕淫祠修立學舍仇覽在蒲亭子弟群居還就黌舍劉梁
在新城朝夕勸戒大作講舍范寧在餘杭興學養士捐俸助給馮伉在醴泉著諭蒙書訓迪學子令過在餘杭首崇學校
教勸生徒義安在吉安消歌絃管行釋奠禮景教在高陵修文立學禮遜化民嗚呼此世道之所以
不古也常熟縣學在縣東南二百步夫子廟居其中大成殿額乃宣
和中頒降按祥符圖經至聖文宣王廟在縣南五十步以今地勢
攷之不合然夫子廟其來舊矣而學宮之制未詳慶元志略
不及之獨堂宇舊楝題至和者二得非慶曆有詔逮至和始
創學歟淳熙十年令曾棨加葺名講堂曰進學紹熙元年令
葉知幾更曰明倫舊有齋九曰崇德時習好謀朋來利仁隆

禮育英守卓隆德後所存四齋曰尚志尚德尚賢尚文端平
初元令王爚以其卑陋湫隘積久滋弛日雅覆壓是懼且廟
處於學併雜喧溷尤非所以尊事先聖乃因故址闢而新之
放郡庠之制東爲廟廟之前爲殿門又前爲欞星門兩廡繪
從祀從吳公祠于殿後東建六先生祠堂周張程朱程張西
爲學前爲學門中橫經仍曰明倫東西兩廡各列職事位序
於其旁次爲肄業之齋凡六曰志道據德依仁游藝曰稽古
藏祭器祭服官書曰象賢即小學也專以教育言氏子孫别爲廩給詳見四明袁尚書甫記明倫堂
後爲直舍齋廬堂庖廩器具增造悉備總爲屋百二十楹加
於舊者幾半而高閎壯麗則非舊所可髣髴也增置學糧至
千斛訓導課程秩然有序學之庶事於是畢舉而講學修身

所望於學者則甚切矣（詳見臨邛魏樞密了翁記）

吳公祠

吳公祠慶元三年令孫應時建爲屋三楹在明倫堂之東偏朱文公爲之記至寶慶間令惠疇以其卑狹乃更建于學之東門廡堂室幾三十楹識者復議其位次失宜且規模高廣殆過於殿无爲非禮至是令王爚既遷禮殿乃徙是祠于殿之後始爲宜稱故其上梁之文有曰自東自西兩嚴廟學之制在前在後兼安師友之靈蓋叙其實云

社壇

常熟社壇在縣西一里三十步莫攷其創築之始紹興甲戌令任古淳熙辛丑令陳映嘉定辛巳令葉凱皆嘗修治然規

模粗備禮制終未盡合加以地勢拘逼湫隘特甚嘉熙改元
今王爚乃因故址闢而新之東西二十丈南北十七丈按政
和祀式參以朱文公問答及武昌記所載爲五壇四壝東社
西稷居前北向東風伯西雨雷師居後南向與社稷相背中
隔以墻壇皆三成前二壇址各方二丈五尺兩成三成各殺
尺崇二尺後三壇址各方一丈六尺兩成三成各殺尺崇八
寸壝四門社稷各壝方四丈五尺高三尺五寸瘞坎二居壝
外之西北風師爲一壝方二丈八尺高二尺五寸雨雷師同
爲一壝高如風伯而方倍之半居之南壇南北各爲齋廬三間西
北爲大門扁以社壇書衮甫繚以周垣甃以堅甓而植以松栗
與土之所宜木於是始稱國家欽崇命祀之意知府事數易王尚書遂記

公廨

單父之堂言游之室冀昌縣之廳事山陰縣之門皆見崇思召千古如存長下里者求稱其居可也

縣廨多治平閒屋廳之西北有琴堂紹興中令孔瓚重修淳熙中令劉穎改為學愛甲辰令曾棨新作寢室舊有君子堂共賦堂歲久多圮廢慶元戊午令孫應時乃一新之又於廳之東創笑軒葺其後圃為亭曰友山西為夾墻繚復室後以通西偏為亭于西北曰是亭亭之南即共賦堂堂後累石為山竹木陰翳與君子堂通嘉泰壬戌令何充重建縣廳頗雄壯開禧戊辰令葉凱於隔舍之南闢軒曰簾書寶慶丙戌令惠疇於後圃創景言閣紹定辛卯令史彌

厚治東圃建堂未名後令戴衍扁曰讀書堂嘉熙丁酉令
王埨因學愛堂之舊重行改創易曰道愛淳祐辛亥令别
桷治西圃移讀書堂於其中有亭曰直節遂廢東圃云
丞廳在縣治之東淳熙初元丞張孝伯重建廳事其燕坐曰
涉筆曰篤素
簿廳在縣治之西與丞廳相對淳熙間簿蕭逵重修廳事有
燕坐曰愛蓮静暉寄隱淳祐辛亥簿唐世忠復新其堂榜
曰均政
尉廳在縣治之北二里憐順民倉紹熙中尉趙筊夫所創廳
事後小閣曰樂山向西諸峯屏列几案間改曰挹翠後爲
隣居障蔽無復景時之勝易曰半室北有小圃圃有二亭

曰藏春曰野趣嵗久堙蕪而尉廨亦頹圮矣淳祐戊申尉周介甫葺而新之廳廡堂宇視昔加壯廳之西偏軒曰梅隱後圃臨流蓺亭曰濯纓

館驛

市有候館周制也漢十里有亭唐三十里有驛皆所以爲往來者次舍廬宿也賓虢爲鄞令增修郵舍張希顏爲萍鄉令完葺驛傳史類稱之驛舍之修理亦足以觀令之政云

縣東驛 在縣東南

琴川驛 在縣南承流門裏西向漕渠舊址曰南亭嘉熙初元令王爚增闢一新榜今名

甘棠館 在迎恩橋之東後更名八仙館紹熙五年令葉知幾更曰和旨堂

絃歌館亭 在縣西南二十步縣令葉凱更名百花堂今為賞心

亭樓

于東易嘯詠於涵碧亭，李虞城游憩於蘇江館。世率謂其游亭館而廢事，然觀柳子厚論作邑者，以爲氣煩則慮亂，視壅則志滯，君子必有游息之物、高明之具，使之清寧平夷，常若有餘，然後理達而事虚，則夫嘯詠游憩之地，所以養其清明而爲政之助也。若夫楊烱爲盈川令，多治亭臺，書榜美名，則非爲政之所急矣。

宣風樓　在縣治西，紹興六、未令曾慎建，紹熙四年令葉知幾更曰慶豐。自此至賞心亭皆榷酤之所。

燕喜樓　在縣東。

古清樓　在縣西北。

春風樓　在縣東迎恩橋。

賞心亭　在縣西，即舊絃歌館。

極目亭　在虞山上乾元宮前，前眺平疇，一目無盡，雙湖橫陳，諸山歴、可數，最爲登覽之勝。舊曰望湖，令徐次鐸

更今名

縣樓承平時所建頗壯麗紹興二十一年太守徐瑑篆額乾道閒令趙善艹易以林東篆刻石于廳事側慶元己未春令孫懋時修之左右各有亭左曰御筆手詔右曰寬恤事件

橋梁

嘗觀宋天聖三年蕪湖令董黄中浮橋政成仁宗嘉其有愛民之惠詔縣民愛護以圖永便則知縣有橋梁所以便民也為令者亦不可不於此究心焉

縣橋在縣治前十五步　沈家橋在縣西俗呼爲染子橋

市曹橋在縣西　鎮橋在縣直南

琴川橋在縣治直南跨運河舊名信義淳熙十年令曾槃重建改今名有曹緯記俗呼跨塘橋

迎恩橋在縣治直東

文學橋在縣東北百五十步舊名言偃橋俗呼醋庫橋按舊圖經言偃橋在縣東一百五十步文學橋在縣東北一里而前志併二橋爲一未知何故

通濟橋在縣東北俗呼坊橋

瞿橋在縣東北舊志有隱仙和風二橋其名不存以方隅步數度之則二橋疑是

廣惠橋在縣東北舊名通泰紹興間錢氏新之少卿陳揆書其名曰廣惠俗呼通江橋前志云耆老猶記海舶常至邑郭故邑市有通江橋

慶仙橋在縣西南

顯星橋在縣東南二百五十步父老相傳昔有星隕地爲石尚存今在橋之東大數十圍深不知其根故以名橋旁有涇曰落星港

善利橋在縣西南

昇仙橋在縣

孩兒橋在縣西北

順民橋在縣東北

何家橋在縣直西

東何家橋在縣東北舊名和豐

望仙橋在縣西南

八字橋在縣西南

太平橋在縣東南

侯家橋在縣東南舊名通利

草橋在縣西南

王家橋在縣西

魚行橋在縣

金家橋在縣西北

黃柏橋在縣西北

俞家橋在縣西北

范公橋在縣西南

龔家橋在縣西南

中和橋在縣西南

天心橋在縣西北

小虹橋在縣東南俗呼洞橋

包家橋在縣西北

倉庫

唐令籍帳傳驛倉庫河隄雖有專當皆縣令兼總之宋淳化三年嘗詔縣令之任風化所由宜躬撫字縣令不許監莞倉庫竊謂凡爲縣者固不當以貨財爲累然倉場庫務所合糾

察昔胡綱爲河内令每覲諸縣倉人以善政歸之則以高雅自將而不屑〻於此者亦非縣令之所貴也

順民倉在尉治之東東臨漕渠治平二年令向宗旦建郎淑爲之記其屋南北西爲列紹熙四年常平使者徐誼給錢修其西廡元三年丞傅良新其北四年令孫應時新其南嘉熙元年令王淪以比年倉米之餘散蓄堵院爲非便乃包東北舊址官廢廨地入焉增創敖屋十間然後寬綽有餘矣

常平義倉在順民倉之北廡　省庫在縣廳之右

苗倉庫在縣廳之左　國用庫在縣中門之西廡

務

酒稅務在縣東北廿步規模整備比年醞造爲數不及於前務止爲收稅地醞造乃移就縣之景言閣猥雜喧併甚矣建立初意而縣務遂沉虛設於是日漸傾仆悉不暇問凡舊屋之欐木換易竊去殆無復遺餘矣

外福山慶安梅里許浦四鎮各有稅務類供郡之版計前此郡惟責園解于縣鎮有逋欠悉置不問故鎮官恬弗加意月解久益不登縣之難支亦其一也嘉定間令葉凱歷陳其獘於郡乞勒各鎮徑自發納郡守林侍郎采慨然從之惟福山以兼酒故尚仍舊貫至淳祐初令趙師簡復有請乃如三鎮例酒稅併自納於郡焉

市易務在尉廨西南後廢爲民居今猶有市易務巷

軍糧庫在縣治西南後廢　醋庫今但存醋庫橋

營寨

縣掌游徼兵古制也晉志縣令統賊曹掾史兵曹都亭皆主縣兵宋制縣有戍兵則兼都監次兼監押後復兼軍正之職而營寨則各有其地焉

開江營錢氏有國時所創宋因之有卒千人爲兩指揮第一指揮在常熟第二指揮在崑山按朱長文志錢氏置都水營田使以主水事募卒爲都號曰撩淺當是時欲富境樂敵以是爲先務宋天禧天聖間吳中水災命發運使張綸同郡守經度于崑山常熟各開衆浦以導積水景祐中范

文正公來治此州，涖歲歎深究利病，以謂淞江不能盡洩震澤之水，當疏導諸邑河渠，東南入淞江，東北入于楊子與海，於是親至海浦，浚五河。論者沮之，公力破浮議，疏瀹積潦，民受其賜云。紹熙大理寺丞周環言：平江低田多為水浸，蓋諸浦中白茆浦最大，今為沙塞，望令有司于農隙開決，俾北派流通，實無窮之利。詔漕臣措置。既而副使趙子儞知平江府蔣璨言：昔人于常熟之北開二十四浦疏而導之江，後為潮汐沙積，而開江之卒亦廢。乃詔察院任古覆視，及古至常熟，言五浦通江委是快便，令乞止于常熟招募百人。此蓋知五浦之利害者。蓋五浦皆注于江，東則白茆浦，東北許浦，正北福山浦，西北黄泗浦、奚浦，五浦

常浚則潦無漲溢之虞旱獲灌溉之利邑名常熟實本諸
此耆老猶記海船常至邑郭故邑市有通江橋而許浦過
梅里鎮湖汊迅急鎮橋之下往々壞舟至開月河以殺水
怒至紹興丁卯康舉之作招眞菴記猶云邑去江不及程
陂湖畎澮之積自南至者傾馳入于江江潮既應則迅瀾
倒流逆于市橋之下二水相制移時不能去意者開江之
卒它無所役專以更迭浚治五浦前人經畫之意深矣自
朱勔進花石綱盡奪無營卒以往而二邑之開江營遂空
紹興初猶有老弱居之後徙入州至今府之役隸往々有
開江兵士之目而此邑之營地爲尉司教場久矣自丁卯
至今五十年五浦淤塞已甚至或委曲如一線水旱之患

歲縻識者嘆恨焉尉司舊教場在順民倉後又有捕盜院
在通濟橋之東北今皆廢焉
許浦水軍寨在縣東北之十五里乾道六年初自明之定海
分屯于此是時也正以孝宗銳意中原而以海道爲虞故
用馮湛計使度地形便以立此軍先是建炎紹興隆興用
兵時水軍嘗戍江陰亦頗分守福山及許浦爲要害之地
方湛分屯之初許浦極深濶實可藏戰艦東出海門料角
之間勢與膠西相直然比十餘年來許浦淤塞戰艦非鑿
塢不可容非潮盛不可浮浦外沙潬亦益隆起潮雖盛大
艦裝重亦不能出海道有變其應接非便也議臣或請稍
分屯顧逕識者謂今顧逕雖形便安知不復爲許浦之堙

塞要之江沙往來開塞不常未如定海依山立寨正瞰深
海爲天設之要地也水軍凡八千人平江府給其錢常熟
崑山吳江輪給其糧中外諸官皆受糧于官庾此獨煩縣
自載而輸之軍彼得制其槩量大爲三邑之害前令何兗
有請于朝令軍中遣隊將受糧于官庾其害遂息軍人利
其水脚之費亦所樂爲吳江崑山陰受其賜

許浦巡檢寨土兵一百四十四名額

福山巡檢寨土兵一百四十四名額

白茆巡檢寨土兵一百以十四名額

捕盜院元在通濟橋東今廢

尉司教場在縣即古開江營基也舊在順民倉之北

義阡

賑貧恤孤瘞骸掩骼仁政也宋元符崇寧詔旨具在固爲政者之所當先焉

養濟院在縣一在東北 一在西南

漏澤園在縣北宣化門外

義阡在宣化門外明府塘橋之北嘉熙元年令王綸市民地爲之四繚以墻前列棂門凡瘞者占地廣□尺修□尺屬其事報慈命僧主掌別創屋三間以居之又買田陸拾貳畝米肆拾貳碩歲收爲給養費詳見勸諭文并規約

勸諭文云古人之法必犯大惡則焚其屍今風俗之弊子孫曾不以爲異只是習慣不以爲事今有狂夫

醉人安以其先人棺櫬一彈則便爲深讎巨怨及親拋其遺骸納之火中則略不以爲怪可不哀哉右河南程氏先生語世人有没于遠方者子孫火焚其柩收燼而歸塟夫孝子愛親之肌體故斂而塟之殘毀他人之屍在律猶有嚴禁況子孫乃悖謬如此其始蓋出于羌胡之俗浸染中華行之既久習以爲常見者恬然曾莫之怪豈不哀哉右溫國司馬文正公語吾邑本先賢故里近鑾樂郊宜其道義興行風俗醇厚養生送死不循禮經而焚屍一事反視他邦爲甚只如無錫江陰近在鄰境亦聞未嘗如此因仍習俗安以爲常不孝不仁莫大于此只緣善教不明佛法滋熾日沾月染民胥

從之佛本西人火化乃是其國之俗凡有死者聽命緇徒廣爲齋設雖重費而弗靳至于謀葬則百端莫較衆口沮難甚至惑于陰陽之說又以因葬致禍爲憂大抵只欲一舉遺骸徑投烈焰以爲省便之計不惟閭閻貧細爲此雖潤屋儒冠亦尠有墳墓之可守者豈不痛哉夫生民與禽獸異中國與夷狄異正以其人倫之親恩義無盡而先王制爲喪禮因其天性以節文之衣衾棺槨以謹其終事葬埋祭祀以久其哀思一有不至則吾心爲之不安此生民所以爲貴而中國所以爲尊也彼胡羌之俗譬若禽獸浮屠氏之立教固已背棄倫理絕滅種類則其死後以天生

地長可貴之身取快于灰飛煙滅而甘心者不足怪也若乃吾民家〻氣脉世〻流通有子有孫慎終追遠此乃天經地義之常永無息歇何忍舍正道徇異教陷為禮法之罪人而終不知懼耶且生而爲人身體髮膚孰不愛惜今既幸免毀傷殁以正命而瞑目之後爲之主者反不與之保全衛護使同飛走之群終受炮炙之禍雖是父母亦置不恤有人心者一念及此寧不内自罪怛而亦何顏戴天履地乎是非顚逆有不難見令為吾邑之民痛傷久矣詢之故老邑舊有義阡冗數處歲久堙廢無從修復雖見有叢冢又以囚死弍客死者埋瘞其中故吾民耻列于此今

謹倣周官墓大夫之制遵國朝漏澤園之令別卜義阡一區專爲細民宅窆之所環以百堵限以重門又爲之建屋市田以贍守者凡可爲經久之計無不用其至是用諄切告戒開曉爾民使知正道之當由異教之不當徇則無以令之言爲迂焉昔程純公之宰晉城也俗尚焚屍純公教諭而禁止之民咸信從令雖德薄莫望前賢然拳拳愛民者實與純公愛晉城之民同一心也爾民其尚聽之庶幾下以成移風易俗之美上以廣昭天漏泉之澤若死若生兩無所憾所有司馬温公程先生勸戒二條義明意切讀之感動備揭于右方云右令勸諭各宜知悉嘉熙元年八

月日承議郎知平江府常熟縣主管勸農公事王爚

池

放生池舊即破山興福寺白蓮池爲之乾道間令趙善括改
就東壇崇教興福寺

洗馬池在縣北六里父老云紹興初尹團練者屯兵防江洗
馬于此故名

三角池在縣北十二里

興賢池在虞山乾元宮嘉定間鑿池得石有興賢池三字

鎮

青田鎮烏石鎮唐時有之鎮名其始於唐與

福山鎮在縣北四十里臨江

慶安鎮在縣西北二十里臨江本石闔市舊有石門今不存

許浦鎮在縣東七十里臨江紹興間於此置鎮

梅李鎮在縣東三十六里慶元志云吳越錢氏時遣二將梅世忠李開山戍此以防江北南唐之兵居民依軍成市因取二將之姓以名其地故云梅李市元豐間始爲鎮舊智林寺佛殿拜石刻作梅李乃至和中題則里當作李明矣後版曹湯李爲里恐是一時之誤遂因之或引史記注吳地記泰伯所居之梅里及皇覽說泰伯所塟之梅里與今梅里並列爲三者殆弗深攷

常熟鎮在縣東百二十步今廢縣猶有鎮橋在焉

塗菘鎮在縣東南一百五里元豐間去鎮爲市

市

祥符圖經所載常熟縣舊有七市今存者四耳續增直塘楊

尖二市

縣市今廢　梅李市今爲鎮

石閶市今爲慶安鎮

練塘市在縣西南去縣三十六里

支塘市在縣東北去縣百里

甘草市在縣東北去縣百五里舊志云甘樹市

塗菘市在縣東北去縣百五里舊爲鎮元豐間省爲市

楊尖市在縣西南去縣四十五里

直塘市在縣東南去縣九十里

崗

按吴郡志常熟有三崗福山崗徘徊崗塗菘崗

酒坊

縣有外坊十一輸課雖不繫于縣然私釀犯禁縣得理焉故

附見

户部酒坊四名以贍軍吏部揭闕課入版曹而兩浙漕臣領

其事月解諸漕司

塘頭　河陽

原墊　支塘

本府酒坊五許民間買撲或郡自遣吏給本措置課入輸郡

梅里　尚墅

徐鳳　塗菘

陸河

馬軍司酒坊二殿司馬軍出戍金陵軍中自遣牙校莅酒政後亦許民户買撲

莫城　　　五林

以上諸酒坊課額盈虧縣皆無與各分疆界彼此酒不越境境内或有私釀則許諸縣縣爲懲治而已

重修琴川志卷第一

重修琴川志卷第二

敘縣

縣界

第一界　顯星橋至南柵過跨塘橋街東北至縣前西入壽安坊堦東直止東子游巷街南轉東南青果巷迎恩橋西止丞廳南止縣學西

第二界　跨塘橋街西直上西何家橋丁家茶坊入壽安坊街西止西子游巷街南直上菩利橋至錢通判宅止西柵

第三界　顯星橋東直上文學橋東墁入巷街南止東墖寺後河南河北

第四界　墖後西起坊前東止東柵北止北水柵

第五界　東子游巷街北起止瞿家橋西南止工監丞宅街東一帶西北過橋直下至廣惠橋西堍街北向西轉北止尉司街西直上邵家巷東止北旱柵東

第六界　北旱柵西起一帶止東南包家橋西一路止葛莊基西南止陳茶鹽街北止教院後門北沿街

鄉都

九鄉五十都

按郡圖經舊十二鄉有太平欲行昇平三鄉元豐九域志併爲九鄉

感化鄉在縣西北　管都七

第一都

管里四　虞山　武昌　漸起　小山

鄉村　山前　湖村　小山　下祁　寶嚴寺前

管民田一萬八千四百八十一畝五十四步係中則

諸色官田八百九十七畝一角半步

第二都

管里三　小山　崇信　日安

鄉村　塘頭　顧莊　野塘　東水頭　河伯市　湖莊

管民田二萬四千二百九十二畝一角三十一步係中則

諸色官田一千二百一十八畝二角二十八步

第三都

管里四　日安　崇信　安仁　昭墟

鄉村　東西　花林　道林　沙堰　城綴　充陂　夾舍

五林　孫舍　錢市　鄒莊　周莊　柴村

管民田二萬九千二十畝一角二十四步係中則
諸色官田六百九十四畝三角五十一步

第四都

管里四　昭墟　崇信　顧山　柏城
鄉村　楊尖　黄屯　後莊　馬市　杜朱堰　石塘　陳　塘　宗母宅　羊莊　西石請　石埨堰
管民田二萬五十二百二十一畝三角三十步係下則
諸色官田二百五十五畝一十三步

第五都

管里三　小山　遺愛　日安
鄉村　麻鞻村　李甜市　東石請　陳黄　支市　毛巷　嶺村　吳莊　錢市　晏村　大和　鍾綴
管民田三萬五千九百四畝三角五十二步係下則

諸邑官田七百六十六畝三角二十步

第六都

管里六　宣慈　小山　國昌　西陽　通道　山陽

鄉村下市　于塘　東于市　富市　潘塘　童莊　伍市　陸市　中澳

管民田三萬五千七百二十六畝一角八步係下則

諸邑官田八百八十八畝三角二十二步

第七都

管里三　翔鸞　通道　宣慈

鄉村錢莊　蔣祁　塘宅　蔣舍　林莊　顧莊　項山

管民田二萬六千三百一畝三角四步半係下則

諸邑官田七十一畝一角二十一步

崇素鄉在縣西北　管都三

第八都

管里三　山陽　元陽　河陽

鄉村　河陽坊前英舍東徐西徐西莊陸塘　朱村徐岸東邵市西邵市魏莊黃村　祁村至塘虎忽水北張市蔡舍袁市　怯村

管民田四萬四千六百五十一畝四十一步係中則

諸色官田三百十一畝三角三十六步

第九都

管里三　元陽　新莊　歸仁

鄉村　湖下河陽山前河陽橋中澳下澳田莊　厚村竹巷焦宅陶蘆舍

管民田二萬六千六百五十二畝二角二十六步係中則

諸色官田二百八十七畝三角
第十都
管里三　南金　歸仁　修仁
鄉村北莊　蔡舍　孔涇　凌莊　蔡村　塘橋　南莊
村後
管民田二萬一千九百四十五畝三角五十二步係中則
諸色官田一千二百八十九畝一角四十七步
南沙鄉在縣西北　管都六
第十一都
管里三　敬眞　永定　修眞
鄉村烏村　徐舍　闞莊　東卻舍　塘下　金莊村
慶安寺前
管民田二萬八千六百八畝三角四十三步半係下則

諸邑官田二千八百四十七畝二角五十四步

第十二都

管里二 修仁 昌陽

鄉村沙港 涸江 高市 新產 界涇 東檀祁 西檀祁

管民田二萬五千二百七十八畝一角四步係下則

諸邑官田二百三十四畝三角三十三步

第十三都

管里三昌陽 陳致 修仁

鄉村新莊 陳陸園 楊瀕村 黄泗浦 王十二店村

管民田一萬五千五百六十一畝二角三十三步係中則

諸邑官田八百五十六畝一十八步

第十四都

管里三　修仁　恭致　伍相

鄉村蘆舍　奚浦橋　榮莊　尹涇　姜村　草長　毛巷　戴巷

管民田二萬二千八百二十四畝二角九步半係中則

諸色官田六百二十四畝四十五步

第十五都

管里五　宮城　開元　永昌　崔明　伍相

鄉村　孟市　尹市　邵墖　新安　李埭　候村　盆社　西官城

管民田三萬二千八百四十二畝五十四步係中則

諸色官田六百一十八畝一角三十九步

第十六都

管里三　江平　永昌　何墅

鄉村東厍村　景市　李烏村　潘祁　下阜　桑舍　西山村　蒲林

管民田三萬六千七百三十六畝一角五十八步係下則

諸色官田三百七十三畝三角三十五步

端委鄉在縣東北　管都六

第十七都

管里六　宫城　太平鄉　靈芝　言偃鄉　伍相

鄉村吴涇　孫巷　鰻魚浦　西楊橋　陶舍　稠巷　謝莊　蘆浦　陶山　西山

管民田一萬九千三百九十三畝一角四步係下則

諸色官田七百一十一畝二十六步

第十八都

管里二慕善　承化
鄉村　河灘　崔浦橋　吳涇　新漕　安樂
管民田三萬四百一十四畝三角三十八步半係下則
諸色官田一千四畝四步

第十九都
管里三　承化　永安　崇德
鄉村　黃鶯村　耿涇　野兒漕　中沙　崔浦
管民田三萬三千四百二十四畝二角一十二步係下則
諸色官田三百畝三角二十六步

第二十都
管里三　永安　太平　崇德

鄉村　馬暢　黃泥　千步涇　鄔溝　太平寺　尨浦　徐六涇

管民田五萬四百四十九畝三角一十七步係中則

諸色官田三千二百二十七畝三角四十九步

第二十一都

管里三　崇善　青山　承化

鄉村　大坐　東馬暢　新產　高墓　青村　杏前　花莊　陶舍

管民田五萬六千八百二十五畝一角七步半係中則

諸色官田一千六百一十七畝二十四步

第二十二都

管里二　承化　慕善

鄉村　花莊　塘　花社　檀林　陸莊　福山　柵前　水門

管民田二萬七千七百二十五畝二角五十二步係中則
諸色官田四百五十一畝三角四步半

開元鄉在縣東北　管都四

第二十三都
管里五　和興　欽豐　孝義　孝慈　翔鸞
鄉村尚舍　河市　西下市　高市橋　付子　後舍
闤闠　陸莊
管民田三萬四千九百九十一畝二角四十四步係中則
諸色官田五百二十六畝二角一十五步

第二十四都
管里五　翔鸞　孝慈　懷遜　興國　承化
鄉村陶莊　葉莊　九析　周市　辛莊　下莊　東下
市

管民田四萬六千二百九十七畝二角一十三步係下則
諸色官田一千三百八十三畝二角二步

第二十五都

管里二　懷遜　懷仁

鄉村　嘮塘　陳莊　辛舍　黃莊　九里　薛莊　東顧村　西顧村　雉浦橋　宮塘　鄭莊　西曹莊　三村　瞿舍

管民田一十一萬二千五百三十九畝四十一步係上則
諸色官田七千七十六畝一角三十四步

第二十六都

管里三　習善　德仁　太平

鄉村　菰里　法寺前　東漕莊　陶涇　李村　馬及　筍村　勝

管民田七萬五百三十二畝三角三十二步係中則
諸色官田六千九百一十七畝二角八步
思政鄉在縣東南　管都五
第二十七都
管里四　集賢　道義　永安　招德
鄉村　楊塘　眞門　長亳　北舍　沈墖　施村　均村　徐鳳坊前　寺涇
管民田九萬二千七百二十二畝一角三步係下則
諸色官田六千六百二十畝一角五十五步半
第二十八都
管里一　昭德
鄉村　東西李墓　南港　北港　季渭橋

管民田四萬七百八十八畝二角三十二步半係中則
諸色官田二千七百六十六畝三角四十四步

第二十九都

管里二　昭德　習善

鄉村　羅濁　包糜　逆上　白蕩橋　賀衫橋

管民田五萬二千一百五十九畝二角五十一步係中則
諸色官田三千三百九十八畝三角三十步

第三十都

管里二　新安　昭德

鄉村　新産　五浦　黄泥　唐浦　官竹園　徐六涇
朱堰　翰村

管民田四萬四千六十七畝五十七步係中則

諸色官田二千三百四十七畝三角五十一步

第三十一都

管里五　昭德　楊王　高浦　白艾　金涇

鄉村村高浦　金涇　白艾　海頭　宮莊　凌莊　黄沙

管民田四萬八千七百八十二畝三角五十四步半係下

則

諸色官田五千一百一十六畝五十八步半

雙鳳鄉在縣東南　管都十二

第三十二都

管里二　集賢　昭德

鄉村沙營　海頭　西桑林　高可甲　包橋

管民田五萬四千一百九十八畝三角二十三步半係中則

諸色官田五千九百八畝三角一十五步

第三十三都

管里一　清化

鄉村　六河　西顧莊　下六河　東桑林

管民田三萬一千六百六十七畝一十八步係中則

諸色官田五十六畝一角七步

第三十四都

管里三　集賢　清化　永寧

鄉村　上錢涇　東顧莊　黄涇　撑脚浦　下錢涇

管民田四萬四百七十四畝二角四步係中則
諸色官田四千六百九畝一角五十六步

第三十五都
管里四　清化　陌莊　錢涇　嚴舍
鄉村　廿草　瀼湖　成村　彭李　堰頭　陳穆
管民田三萬九千九百八十八畝三角三十二步係下則
諸色官田五千五百三十四畝三角五十八步半

第三十六都
管里三　北浦　嚴舍　錢涇
鄉村　高蘆　大浦　東嚴舍　泊莊
管民田五萬四百七十六畝三角三十一步係下則

諸色官田一千六百七十五畝二角五十四步半
第三十七都
管里五　石堰　輪洞　福順　夫差　保安
鄉村　穿山　石堰　塗菘
管民田四萬四千四百四畝一角三十六步係下則
諸色官田四千一百八十五畝一角二十九步
第三十八都
管里三　無愁　集賢　石城
鄉村　桂村　東丫涇　漕湖　徐鳳　蘆荻　八赤　南港　北港
管民田五萬三千五百六十九畝一角四十一步半係下
則

諸色官田五千七百七十九畝一十二步

第三十九都

管里六　石城　進賢　七浦　楊波　散坵　陳莊

鄉村橋西丫涇橋　雙鳳村　沙頭　曹莊　六莊　肖涇

管民田七萬一千七百八十六畝二角四十九步半係中

則

諸色官田一萬四千三百七十九畝二角三十五步半

第四十都

管里二　吴塘　進賢

鄉村　直塘　三橋　瞿涇　斗門　朱巻　任陽

管民田五萬九千九畝一角五十二步係下則

諸色官田二萬一千三百二十六畝二角五步

第四十一都

管里一　集賢

鄉村支塘　坊前　赤沙　河舍

管民田三萬六千七百一十六畝三角三十一步係中則

諸色官田二千一百九十八畝二角一十七步半

第四十二都

管里二　集賢　吴塘

鄉村　周莊　下莊　馬莊　宣塘　下廟　市宅　羅磨　秋墖　呂舍　馬涇　周涇　張塘　黄村

管民田一十二萬九千六百二十二畝二步八步係中則

諸色官田三萬七千六百八十三畝二角一十五步

第四十三都

管里三　進賢　吴塘　莫耶

鄉村　莫城　潭塘　洋澳　時澤　舍澤　黄涇　朗城　薛澤　三家村

管民田七萬五千一百一十一畝二角二十六步係上則

諸色官田二萬二千五百一十三畝一角一十八步

積善鄉貟郭并縣南　管都二

第四十四都

管里四　懷仁　東沼　青村　郁澤

鄉村　五瞿　過莊　祐村　斜橋　青亭　呂舍　張港　於沾　沼頭

管民田一十萬五千九百三十七畝一步係中則

諸色官田九千八百一十五畝三角五十六步

第四十五都

管里二　庵城　石城

鄉村　陳市　瞿市　節市　錢市　興福寺前墻下　大步　觀莊　瞿家店

管民田二萬一千七百一十六畝二角三十二步係上則

諸色官田八十九畝一十八步

歸政鄉在縣西南　管都五

第四十六都

管里五　青村　齊門　孝廓　安仁　儀鳳

鄉村　惠洞涇　南塘　斜橋　下塘　金市　藕蕩　柴涇　時村　尚湖　戈市　下莊

管民田五萬一千三百八十六畝二角二十四步係上則

諸色官田二千八百二十三畝三角四十六步半

第四十七都

管里三　孝節　儀鳳　義遜

鄉村尚湖村西　北下莊　秦塘橋　諸岸　鄒黃墓　胥磨　練塘市

管民田二萬三千七百七畝五步半係中則

諸色官田五百八十九畝三角一十步

第四十八都

管里二　義遜　懷仁

鄉村陳墂　朱巷　東顧莊　蔡姑　平市　石灰渭　荻村　錢舍　滸店　陶舍　顧涇　吳墰　界程

管民田六萬六千六百一十七畝二角五十步係上則

諸色官田三千五百七十九畝二角三十八步

第四十九都

管里三　義遜　三遜　誠信

鄉村　前周　西顧莊　李祁　東祁　惠舍　韓莊　西
　　　蔡姑　宛山　鶴窠　烏嘴

管民田三萬五千三百四十二畝三角三十二步係中則

諸色官田五十九畝四十步

第五十都

管里四　承節　誠信　三遜　義遜

鄉村　楊尖市南　錢塘　瞿市村　蒲陂　西舍　東舍
　　　馬瀆　惠市

管民田一萬九千一百四十一畝一角一步係中則

諸色官田二畝二十步

重修琴川志卷第二

重修琴川志卷第三

敘官

縣令古子男也齊晉曰大夫魯曰宰楚曰尹秦曰令漢大縣置令小縣置長晉涓隋皆然唐始專名曰縣令其官屬漢則有丞尉名爲長吏署諸曹椽晉置主簿録事記室功曹之官而無丞尉梁隋以來復置丞尉設曹佐唐有丞尉録事主簿司功司倉等官皆分掌一縣之治此歷代沿革然也乃若治縣之譜則學道愛人格言具在而邑先賢言游之施于武城者尚可攷故作敘官

自虞農都尉廢乃由太康爲縣置宰以來攷之傳記戴顒何子平李暵周思輯之外無聞焉始攷之未博歟宋朝太平興

國三年錢氏納土令是邑者蔣文懌爲之首至俞彦與凡六十四人前志僅存姓名階位而到罷歲月則不詳也乃博求故實隨所得注其下嗣有見則補之若紹興二年施壎而來以迄于今則壁記班班矣故今編年具列且間附其所建置以詔永遠至于時事之或相關繫者亦併著之

縣令

前朝

戴顒按南史戴顒求爲海虞令出官吴下士人共爲葺室聚石引泉植林後隱白鵠山

何子平按史作海虞令

唐

李暎元和中見新開常熟塘碑

周思輯 給事中守常熟縣令咸通中祀白龍于破山寺十三年見破山龍堂記

宋

宋朝縣各置令縣大及有兵馬者以京朝官或三班知縣事咸平中詔令兼兵者陞朝為都監餘為監押慶曆以後始用文臣以知縣令兼兵事崇寧二年行三舍法諸縣令佐簿尉並帶主管學事宣和三年罷紹興十三年復帶淳熙三年不入銜紹興二十一年令曾頌題名記畧云常熟舊昆陵郡南沙縣梁改為常熟自梁迄偽吳尹是邑者姓名莫紀宋朝太平興國中錢氏以圖籍歸始于縣令蔣文懌至元豐初知縣劉拯求得其姓名凡四十二人列之板榜自此來者則書之

宋縣令題名

南沙望邑而縣令題名不載於史張旭一尉之微妙于草聖猶傳於後而況子男之職烏可無聞哉宋自錢氏納土令是邑者蔣文懌為之首以至俞彥與凡六十有四人皆不著其到罷年月故無得而稽焉紹興二年施壎以來迄于今歲月

井井觀其題名則其賢否可得而知也

太平興國三年錢氏納土

蔣文懌　朝奉郎試大理司直行常熟縣令事兼監察御史太平興國四年止七年見龍母墳堂記　遷白龍歸頂山寺

崔彤

李璪

夏侯延祐　朝散大夫行上柱國淳化四年見仁王院帖

裴署　承奉郎守大理評事知縣事監酒稅茶鹽至道二年見重修仁王禪院記修延福院記作守光祿寺丞

王世昌　秘書省校書郎

盧永

李獻誠

張川和太子中舍

許駢衛尉寺丞

張士廉承奉郎守秘書省著作佐郎大中祥符三年見龍堂碑陰文懷州人左史攀五世伯祖

韓宗幹

張舜

韓常

吳繼宗

胡順之著作佐郎天禧中見寶嚴寺記

李文晟國子博士

胡晏太常博士知縣事兼兵馬監押天聖三年見淨慧院帖朝奉郎屯田員外郎知縣事兼兵馬都監騎都尉天聖四年見乾元宮紫微殿記又五年見破山渠僧道戒碑

楊寵大理寺丞
張霖太常博士
李衡太子中舍
何知至屯田員外郎
楊文敏太子中允　胡霜有送行詩
陳漸殿中丞
梁佐贊善大夫
張士程殿中丞
晁宗恪贊善大夫
范琪朝散大夫行太常博士知縣事兼兵馬都監管縣界塘岸公事騎都尉慶曆六年見寶嚴院佛殿記
馬耿國子博士

江中孚　殿中丞

桑瀞　宣德郎守尚書都官員外郎知縣事兼兵馬都監管勾塘岸公事騎都尉至和初見乾元宮修造記又嘉祐三年見勝法寺新十方記

張貴和　駕部員外郎

成偉　衛尉寺丞

盍著　殿中丞光祿寺丞知縣事兼兵馬監押嘉祐七年見淨慧寺帖

向宗旦　宣奉郎守太常博士知縣事兼兵馬都監及管河塘溝洫公事治平二年見順民倉記又治平三年見瑞石菴記作守秘書丞建順民倉

陳知白　朝奉郎駕部員外郎　見王琪送圓照歸瑞石詩碑

饒珙

李執柔　大理寺丞

李佑賢太子中舍
王子韶太常丞
趙君章寧海軍節度推官
崔貽孫太子中舍
劉拯將仕郎守秘書省著作佐郎元豐二年見頂山麓路記
作宣德郎淨慧院元豐六年狀稱知縣宣德郎
宋㫿國奉議郎
王植通直郎元祐二年見明因院改禪寺記
林會通直郎元祐五年見破山重刊二詩碑
項瞻承議郎
吳逸奉議郎
朱之劭承議郎

徐齊　承議郎

胡庶　宣德郎

柳忝　宣德郎

趙峌　承議郎。崇寧丙戌至大觀改元，見跋趙清獻公詩。

傅商　承議郎知縣兼管學事勸農公事兵馬都監及管縣界河塘溝洫事武騎尉。大觀三年見頂山龍祠記。

馮躬亮　承議郎

黃呂衡　衡前志作衍　宣德郎。政和四年見壽聖院及永慶寺結界記。

朱彥求　奉議郎。政和五年見新建宣惠侯廟記。

李光　宣教郎。政和七年見東嶽行祠記，又重和戊戌見勝法寺詩刻及智林寺題壁。上虞人，官至參知政事，謚莊簡。

宋晦　通直郎

吳祖仁　奉議郎

高大中朝奉郎

右集承議郎

建炎以後

淳熙八年令陳映續題名記畧云映不佞來旣年所始閱次中興以來為令者至映之名氏授受月而日之鑱石壁端以告來者

丁未

建炎元年高宗即位于南京每縣添置武尉一

李闓之門右朝請郎前志止稱建炎間今姑列于此　建縣四

二年

三年車駕初幸杭州　韓世忠自海道領兵從縣赴郡會張浚勤王之師

俞彥嶼左朝奉郎歲月莫攷仍前志列于李闓之之次

四年兀朮犯吳李閭羅屯兵于縣

辛亥紹興元年

二年

施壎　右通直郎知縣主管勸農公事兼兵馬都監六月至四年四月

三年

四年　嚴武尉

陳適　右通直郎七月至五年八月

五年

夏元亨　右奉議郎十月至六年六月

六年

祝邦翰　右奉議郎九月至七年十月

七年

八年

工官世美右宣教郎四月至十一年四月

九年

十年

十一年詔李椿年行經界

劉寬右承議郎四月至十三年三月

十二年

十三年諸縣令佐簿尉復帶主管學事

許聿右宣教郎六月至十五年三月

十四年

十五年

孔瓚右通直郎四月至十七年八月
十六年
十七年
王鎬右承議郎十一月至二十年十一月
十八年
十九年
二十年
曾慎右通直郎十二月至二十二年八月
二十一年　建宣風樓
二十二年
任古左朝散郎十二月至二十五年正月

二十三年
二十四年修社壇
二十五年
柴叔仁右奉議郎正月至二十七年正月
二十六年
二十七年
王子渭右通直郎五月至三十年六月
二十八年
二十九年
三十年
莊班右通直郎六月至三十一年五月

三十一年
沈功永右宣議郎七月至十二月
愼知柔右通直郎十二月至三十二年九月
三十二年
癸未隆興元年
鮑格非左從仕郎三月至二年三月
二年
唐光謙左奉議郎九月至乾道二年二月
乙酉乾道元年
二年
孫份左宣教郎五月至三年九月

三年

四年

趙善括左奉議郎六月到任七年八月以賑糶有勞特轉一官十一月差通判平江府

五年

六年始分定海水軍屯于許浦

七年

王宗己承議郎十二月至淳熙元年六月差監登聞鼓院

八年

九年

淳熙元年甲午

劉頫承議郎七月到任二年以水利有勞特轉一官至三年七月

二年
三年令佐簿尉主管學事不入銜
陸瀛通直郎七月至五年九月
四年
五年
何濛奉議郎九月至七年五月
六年
七年
林京通直郎九月至十月
陳映通直郎十二月至八年九月
八年修社壇

九年
曾棨　宣教郎五月至十一年十月
十年　修學　重建跨塘橋
十一年　重建縣衙寢堂
十二年
晁子温　通直郎四月至十四年四月
十三年
十四年
陸相　通直郎八月至十五年七月
十五年
十六年

周復承直郎四月至紹熙元年正月

庚戌紹熙元年

程準宣教郎以文名四月至二年四月

二年

姚僎宣教郎十月至三年四月

三年

四年

葉知幾儒林郎辟差三月至慶元二年四月

五年

乙卯慶元元年

二年

孫應時通直郎以文行名四月至五年六月創言子祠于學

有惠愛既滿太守焕私撼以倉粟累欠三千斛見問

士民感德擔負願代輸不聽竟坐貶秩罷　令人思之

三年

四年

五年

朱熹通直郎六月至八月

邵公輸通直郎十月至六年八月

六年

辛酉嘉泰元年

何兖宣教郎八月至三年正月

二年重建縣廳　申請許浦軍糧就倉支給　創望湖亭

三年
婁孝則　宣教郎五月至四年十月
四年縣重建城隍廟
乙丑開禧元年
王良臣　宣教郎正月至十月
二年
何叔忱　宣教郎二月至十二月
三年
葉凱　宣教郎辟差二月到任嘉定二年四月以平反寃獄得
旨任滿與陞擢差遣在任轉通直郎三年三月滿替
修學申請三鎮稅錢自行納郡刊琴川志
戊辰嘉定元年

二年修社壇
三年
徐次鐸宣教郎以文名二月到任五年三月離任
四年
五年
趙師耀宣教郎八月到任七年十二月差通判廬州
六年
七年
錢厚宣教郎以文名十二月到任至八年三月避親離任
八年
趙崇意奉議郎八月到任至十一年九月滿替

九年
十年添置嘉定縣
十一年
張珽九月以宣教郎到任十三年轉通直郎七月特差僉書寧海軍節度判官廳公事
十二年
十三年
十四年
沈璞正月以承奉郎到任八月轉承事郎十五年轉宣議郎十六年十月離任
十五年
十六年
十七年

陳仲埴三月以宣教郎到任七月準赦兩易知紹興府餘姚縣
惠疇七月以奉議郎到任登極恩轉承議郎磨勘轉朝奉郎
賞典轉朝散郎寶慶□年七月滿替
乙酉寶慶元年
二年
三年
趙師雩八月以通直郎到任紹定三年八月滿替
戊子紹定元年
二年
三年
史彌厚八月以奉議郎到任六年八月滿替
四年

五年

六年

章穎亨　八月以通直郎到任端平元年四月離任

甲午端平元年

王爚　八月以奉議郎到任嘉熙元年以職事修舉轉一官當年除提轄左藏庫制云扈農古官也句龍棄之任漢以後猶以大儒鄭康成輩為之又其後專用文俗吏古意微矣爾立身秉端靖之操歷官著廉直之名出總賦輿張弓之勢稍弛入贊廟謨政絃之化有助擢之鄉列仍兼宰旅夫積盱天下之命出納有司之事爾方令耗蠹吾之財用者非兵與吏爭汰冗去濫是非有司之所得為汝其與吾大臣議所以變通之策以副朕用儒者治金穀之意可

重建縣學　敎育言氏子孫　復修經界　結立義役

二年

三年　修社壇　創義阡　建道愛堂　建琴川館

丁酉嘉熙元年

戴衍十月以奉議郎到任三年除提轄左藏庫
二年
三年
四年
趙師簡三月以通直郎到任淳祐三年三月滿替
辛丑淳祐元年
二年
三年
張從龍三月以宣教郎到任四年八月離任
四年
劉渠十二月以宣教郎到任七年正月離任

五年
六年
七年
趙與翃　三月以奉議郎到任除提轄榷貨務再留任八年四月除臨安府都廂
八年
別楠　六月以通直郎到任十年□月差行在提領所幹辦公事
九年
十年
十一年
石森　九月以宣教郎到任至十二年正月離任
十二年

鮑廉　四月以宣教郎到任至寶祐元年□月轉通直郎至二年□月辟差充沿江制置使司幹辦公事修飾琴川志

癸丑寶祐元年

二年

三年

程在孫　二月以宣教郎到任□月轉通直郎至四年五月以憂去官　講行鄉餘

四年

王文雍　五月以通直郎到任至六年六月準省劄除提領户部犒賞所主文字　重修縣樓　置刻漏　重修頒春手詔

五年　興復縣務　創兩務官廳　重浚縣前河

六年　浚福山塘　砌承流門并慧日寺前街　建寶祐新隄　修承流門秋報門　修明版籍

丞一員

宋

熙寧四年中書劄子諸縣主户二萬以上難治乞置丞一員于是諸縣始有丞崇寧中或改主簿充丞大觀四年詔令兩浙相度不條縣難丞並罷政和二年復置建炎元年詔如條嘉祐以前員闕及萬户縣方許置丞餘並罷紹興初縣及萬户並置丞

王□ 朝散郎元豐二年見項山龔路記

魯詹 文林郎主管學事政和五年見宣惠侯廟記

劉㝅 修職郎

陳宗盤 紹興八年三月以通直郎至

朱旗 紹興十二年四月以承議郎賜緋至

胡履泰 紹興十六年八月以宣議郎至

蘇楷 紹興二十年十一月以通直郎至

黃伯達 紹興二十四年十二月以宣議郎至

陸韶 文林郎主管學事大觀三年見項山龍祠記

林友 文林郎

周沖

陳份 紹興十年三月以朝奉郎賜緋至

王大隱 紹興十四年七月以承事郎至

李孝純 紹興十八年六月以宣議郎至

俞民康 紹興二十二年十二月以奉議郎至

江績之 紹興二十七年二月以承議郎至

黃誘 紹興二十九年四月以通直郎至
胡伯廉 隆興元年六月以承議郎賜緋至
趙伯儋 乾道三年十一月以奉議郎至
黃夏 乾道八年四月以宣議郎至
施遲 淳熙四年七月以宣議郎至
沈梓 淳熙十一年二月以宣議郎至
蔡興文 淳熙十五年十月以從政郎至
趙公傅 紹熙四年十月以承事郎至
傅良 慶元元年三月以儒林郎至
江壽邁 慶元五年六月以宣議郎至
張溉 開禧元年閏八月以承事郎至
鄭穆朝 紹興三十一年四月以奉郎賜緋至
宗嗣尹 乾道元年八月以通直郎賜緋至
秦焞 乾道六年三月以承議郎賜緋至
張孝伯 淳熙元年七月以文林郎至
木師顯 淳熙七年十二月以宣議郎至
康丕祖 淳熙十三年六月以承奉郎至
傅巖 紹熙二年四月以承直郎至
趙善勳 紹熙五年十一月以承議郎至
姚汝龍 慶元三年四月以從事郎至
趙端 嘉泰元年八月以宣議郎至
趙善蕘 嘉定元年十月以承奉郎至

詹彭祖 嘉定二年四月以宣議郎至
廖覸 嘉定四年四月以承務郎至
趙必愿 嘉定五年二月以承務郎至
蔡駿 嘉定七年八月以從政郎至
蕭好古 嘉定十年八月以承務郎至
趙時份 嘉定十二年十月以承奉郎至
劉南 嘉定十四年十月以承直郎至
趙希翺 嘉定十七年十二月以宣議郎至
陳畋 寶慶元年十一月以修職郎至
趙汝溥 紹定二年三月以承務郎至
孫沂 紹定四年三月以承直郎至
趙希魯 端平元年四月以承直郎至
傅竞 嘉熙元年十月以儒林郎至
賈暎 嘉熙四年閏十二月以承務郎至
錢宜之 淳祐二年三月以儒林郎至
孫由義 淳祐五年四月以承務郎至
錢學祖 淳祐七年六月以從事郎至
趙善腆 淳祐十年七月以承直郎至
蘇逖 寶祐元年七月以廸功郎至
郭端朝

主簿一員

開寳元年詔諸縣千戸以上依舊置丞簿尉三員紹興十六年臣寮奏紹興之初人物稀少乞將東南縣小而事簡者簿嘗闕員而尉兼之其後縣滿萬戸置丞而簿猶闕朱異劄子萬戸以下縣分已不差丞却多有主簿兼尉者乞應如此去處並特專置主簿一員從之

唐

蕭存 按蕭存字伯誠穎士之子亮直有父風能文辭浙西觀察使李棲筠表爲常熟主簿見唐史蕭穎士傳

宋

李□ 大中祥符元年見淨慧院改賜院額帖

程晃 守主簿淳化四年見修仁王院記

劉元 同將仕郎試秘書省校書郎至道二年見修仁王院修延福禪院記

錢振 登仕郎天聖三年見淨慧院帖

李居正 將仕郎天聖五年見乾元宮陰符經碑石

夏侯詢 將仕郎慶曆六年見寳嚴寺佛殿記

余卞 將仕郎嘉祐三年見勝法寺新十方記又七年見淨慧院帖

廖鼎臣　登仕郎熙寧元年見順民倉記又治平丙午見瑞石菴記兼河塘溝洫

許異　將仕郎守主簿兼管河塘溝洫元豐二年見頂山甃路記

徐布　元豐五年見破山八詠詩碑石

張叔達　兼河塘溝洫元祐二年見明因改禪院記

鄭僖　將仕郎大觀三年見頂山龍祠記

陳廙　登仕郎政和五年見宣惠侯廟記

趙子淙　右迪功郎紹興三年見重修嶽廟記

趙憲　右從仕郎紹興六年見嶽廟石座記

王□　右從仕郎紹興十五年見慧日寺度僧公據

趙彥清　隆興癸未見龍祠呂真人感應記

淳熙八年以後

蕭達　淳熙八年八月以迪功郎至

趙汲汲　淳熙十一年十月以修職郎至

施李熊　淳熙十四年十二月以修職郎至

黃直史　紹熙二年四月以修職郎至

張栻　紹熙五年九月以修職郎至

趙彥侯　慶元三年七月以迪功郎至

趙師夔　慶元六年八月以迪功郎至

鮑端亨　嘉泰四年正月以迪功郎至

盧子及 開禧二年十月以廸功郎至
陳逢堯 嘉定六年正月以廸功郎至
李昌祖 嘉定七年十一月以文林郎至
王澤 嘉定十二年二月以修職郎至
趙孟遜 嘉定十六年十月以從仕郎至
趙希玜 紹定元年十月
趙善從 端平元年十月
趙汝昢 嘉熙四年十一月
唐世忠 淳祐七年十二月以廸功郎至
舒斗祥 淳祐十二年七月

尉一員

曹仲珪 嘉定二年十二月以承直郎至
張正己 嘉定六年十二月以承直郎至
趙汝郕 嘉定八年十二月以修職郎至
臧忠輔 嘉定十五年七月以承直郎至
李興宗 寶慶元年七月以修職郎至
洪坎 紹定四年十月
張必達 嘉熙二年二月
趙時喆 淳祐四年十一月以修職郎至
游杞 淳祐九年十一月
俞文炳 寶祐三年十月以廸功郎至

建隆三年十二月詔盜賊鬬訟頃因兵革遂委鎮員今後仍舊屬縣委令尉管當其鎮都虞候只許管當鎮郭下煙火盜賊事每縣置尉一員因以縣戶口數定弓手額有差建炎初詔兩浙路依河北例招致弓手樞密院乞各添差武人縣尉一員本縣指使一員招致弓手以五百人為額縣兼領仍置將領部將紹興四年罷令尉銜內帶巡捉私茶鹽礬兼催綱

唐

張旭 初仕為常熟尉有老人陳牒求判宿昔又來怒其煩老人曰觀公筆迹妙欲以藏家耳因問所藏盡出其父書視之天下奇筆也自是盡其法見唐書李白傳

許□□ 見歐陽詹送之序

宋

李順之 文林郎至道二年見修延福禪院記及修仁王院記

胡賑 守縣尉天聖三年見淨慧院帖文林郎天聖四年見乾元宮紫微殿記

宋感 登仕郎慶曆四年見寶嚴寺佛殿記

楊惟善 將仕郎嘉祐三年見勝法寺新十方記守縣尉嘉祐七年見淨慧院帖

丁惟一 將仕郎兼河塘溝洫治平丙午見瑞石菴記

陳予 文林郎試秘書省校書郎　守縣尉兼管河塘溝洫元豐二年見頂山蕘路記

葉之漸 元豐五年見破山八詠詩碑石

洪彥昇 兼河塘溝洫元祐二年見明因寺新改禪寺記

嚴挺民 將仕郎主管學事大觀三年見頂山白龍祠記

吳驤 將仕郎　政和五年見宣惠侯廟記

王敏 修職郎添差紹興三年見重修福山嶽廟記

強公邵 右迪功郎紹興三年見重修福山嶽廟記

趙子溥 右迪功郎紹興六年見福山石座記

紹興二十九年以後

卓元龜 紹興二十九年十一月以修職郎至

李緘 隆興元年二月以從政郎至

劉永年 隆興元年五月以從政郎至

趙善熙 乾道二年十月以迪功郎至

李楠乾道三年十一月以廸功郎至
章昭祖淳熙元年二月以從政郎至
程逵淳熙七年四月以廸功郎至
米巨源淳熙十三年二月以廸功郎至
趙筊夫紹熙四年四月以廸功郎至
劉祖邁慶元六年六月以從仕郎至
李耜嘉泰二年八月以廸功郎至
黃應酉嘉定元年八月以廸功郎至任滿酬賞承務郎
趙希爟嘉定七年十一月以修職郎至任滿酬賞改承奉郎

監務二員

慶曆以來並以茶鹽酒稅署□令但酒稅□近年求權職者因緣本府差爲提督□□□□侵□而監官二員反爲文□

葉嶷乾道六年十二月以廸功郎至
李閑淳熙四年四月以廸功郎至
李擴淳熙九年十月以廸功郎至
章賡紹熙元年二月以修職郎至
曾逵慶元三年六月以廸功郎至
莫壽嘉泰元年八月以廸功郎至
薛宦開禧元年七月以廸功郎至
鄒孟嘉定四年九月以廸功郎至

重修琴川志卷第四

敘山

龜蒙巖巖魯邦所瞻地必有山以爲之鎮焉常熟瀕海之壖雖無層巒疊巘可與岱嵩王屋等然虞山自虞仲而得稱標揭圖乘舊矣此外雖小大不倫亦皆爲一方之表識況夫名賢逸士選奇而游憩高僧羽人擇地而棲托勝槩具存盖不可以沒其實也故作敘山

山

虞山在縣西北一里一名海隅山高一百六十丈周回四十六里六十步山海經注云吳之烏目山也陸澄吳地記云本吳之虞鄉孫權置虞農都尉於晉太康二年改爲海嵎

孫以其東臨滄海故也越絶書云虞山巫咸所居此舊志所紀也山雖無峰巒而蜿蜒起伏略如卧龍隨處望之形勢各異山之巔堆垤磊瑰纍〻然如遂顆似皆人力爲之或疑古人壟處其中大抵壘石爲槨巨石覆之自邑市入虞山門即登山半里至半山亭躡山脊而上至乾元宫前有極目亭下瞰萬家平挹兩湖南望姑蘇諸山北見大海最爲絶勝又西北行山脊四望益空迴過普照寺廢址至維摩菴林木茂密可愛稍北下山腰有石屋可坐十許人相傳太公避紂于此其旁流水平布石上激〻可愛有顯親禪院覺海菴傍有石洞天將雨輒出雲氣又西北行山脊有拂水巖下臨山阿崖壁峭立水落兩石間微風激之

濺灑霏霏故名山南北趾皆臨大道南道出秋報門循山
而西致道觀嶽祠皆瞰山之麓又過吳王廟五六里而有
張氏光祿亭亭前有大杏一本花特茂異父老相傳幾二
百年俗謂之杏花亭有宗丞冨元衡篆額甚奇古張君柟
嘗爲三衢守花時邑人游賞不絶今杏已不存亭亦改爲
佛舍矣又其西曰谷林參議虞似平之圃有亭曰退耕曰
翠微其名虞似良仲房所隷書參議亦善隷且能詩今爲
冨民所有山巔有巨石石中分爲兩望之如劍痕俗傳吳
王試劍石今馬帥周虎墓在其下墓前有亭臨流曰劍溪
又西北至寶嚴寺山之南境盡矣其北道出宣化門循山
而北過報慈寺六里西北入破山興福寺寺名古蹟臨龍

闞澗山胥有光明菴再出西北行十二里入頂山寺登白龍祠跨小嶺至工方院高崖曲澗林木蒼鬱俗謂之小靈隱轉而下有中峯瑞石菴又有水簾之勝在焉是爲山之北境此其大略也若夫山之爲名括地志則曰海禺吳郡志則曰海虞續志則曰海巫祥符圖經則曰海禺爲名不一至於虞山之得名慶元志引吳地記謂本吳之虞鄉孫權置虞農都尉於是山因以爲名然吳越春秋載吳太子娶齊女病而死曰必葬我虞山之巔以望齊國越絕書又曰虞山巫咸所居則虞山之名吳越時已有之矣竊詳此山恐因虞仲而得名按史記虞仲即仲雍奔吳而葬此山之上或者因以名其山史有兩虞仲一字仲雍爲吳始祖

一周章之弟仲始封於虞亦曰虞仲周章都安邑稱曰虞城則仲雍所居稱曰虞山理或有之更俟博議者訂焉

按朱長文志海隅山在常熟有二洞穴穴側有石壇周六十丈山東二里有石室吳仲雍周章闔閭長子並塟此山山西北三里有越王勾踐廟梁昭明太子作招真治碑云虞山巫咸之所出也高巖鬱起帶青雲而作峯瀑水懸流雜天河而俱會又云其峯有石城石門即此山也石屋意即所謂石室而二洞不見其一石壇及諸墓亦不知孰是

破山亦虞山之別山因白龍鬭衝山而去故曰破山

頂山去縣十八里乃虞山之別山未至山有齊女峯高二十

丈周八十步亦頂山一峯相傳齊景公女塟於此

龍母峯在縣西北十八里即頂山之一峰龍祠在焉

烏目山慶元志引山海經曰虞山即烏目山按吴地志海虞山北有烏目山今頂山之南有烏目山界于山有烏目澗景祐間陸杲題烏目山詩是也元豐三年邑尉陳于記云縣依山之昜是為隅山以瀕海之隅也又名虞山以昔人虞治于此也山北行九里為破山以鬬龍衝破山為澗又北行九里為頂山又北行六七里為小山山之南北相距纔三四十里而名已不一矣又合而名之或曰烏目山也

小山在縣西北二十里高十七丈周四里一百步

福山在縣北四十里高九十五丈周五里本名覆釜山其形似也唐天寶六載改為金鳳山梁乾化三年又改今名東嶽行祠在山之麓

小竹山在縣北四十一里高五十丈周三百步
崇德山在縣北三十八里高六十五丈周七里三十步舊經
云晉處士夏統宣城太守邴臻所居
常熟山在縣北三十七里高一百五丈周七里本名銅官山
唐天寶六載改今名
永安山在縣北三十六里二百步高七十四丈周圍二里四
步舊經云梁范冀之昆弟同居此山又云即下范山也
范山在縣北三十六里二百步高七十四丈周二里四步舊
經云梁范冀之昆弟同居此山因以為名
河陽山一名鳳凰山一名小山在縣西北四十五里高一百
二十丈周七里舊經云出山藥詳見鳳皇山永慶寺所載

志山在縣西五十里高九十丈周四里一百步與河陽山相
對近歲村民鑿池得唐時墓中斷碑上云瑩于鶩山之下
然則當為鶩今碑在富民樊氏家
穿山在縣東南一百四十三里高一十七丈周二百五十步
山有石洞前後通徹可以往來故名
苑山在縣西南五十里一百步高四十丈周五里
𩇯黿山在縣西北五十里高一百七十丈周二十一里東南
屬常熟西南無錫界西北江陰界俗呼為三界山亦曰顱
山又曰香山
塢江山在縣東南二十七里近崑承湖三里

重修琴川志卷第四

重修琴川志卷第五

敘水

襟江帶湖昔人以侈洪都之雄也常熟亦髣髴焉大江枕其北諸湖貫其中而東海渺瀰且復近環吾境之外則夫水利便宜江防條畫所當精講而預謀也故作敘水

江防

大江在縣之北與通州對境自福山之江口至縣三十六里福山居長江下流險莫甚焉然自古國於東南者類置而不問吳孫權時西陵舉火達吳郡南沙晉趙石堪遣兵寇南沙海虞雖比備彼寇皆由江道然未嘗專以福山爲處也吳志載庾闡揚都賦注曰孫權時合暮舉火西陵鼓三竟達吳郡南沙南沙吳時名沙中晉以爲縣晉書載記石勒傳晉將軍遂寇

南沙海虞俘獲五千餘人錢鏐有國始於福山置戍以防南唐之寇宋初混一戍皆省罷建炎初嘗分江陰水軍戍福山議者謂虜騎入通州勢如牛角尖退有腹背受敵之患故其戍不常置紹興中呂祉乃請於福山置戰艦其言曰大江之險所當固守守江之策有三節焉大江之南則宜列戍兵多備舟楫以備濟師錢鏐之備浙西則於福山江陰控扼尤緊今誠倣此令鎮江江陰福山沿流各具戰艦又於江之中當置重兵此備眞揚通泰之渡江策也又請於福山嚴把隘其言曰水軍見屯興化縣所謂虜寇頗聞具舟甚久一旦爲官軍追逐計無所出必走通泰泰與江陰對岸通與平江崑山福山對岸兩處沿江各有岸步可渡人馬欲望詔御營使司量遣兵將前

去江陰福山等處把隘委自兩州守臣措置候賊平即抽兵歸行在未幾虜兵退竟不施行淳祐壬寅虜犯通州議臣復有福山把隘之請時遣御前軍八百戍福山閱月而撤戍淳祐庚戌朝旨乃置兵三百人號忠節建寨於福山亦甚當矣但今許浦既宿重兵則控扼福山之議似不必講不若合忠節軍於許浦却從許浦分戍于此庶事權一爲可運掉也

海道

晉劉澄浮海入寇害南沙尉見京口志則海道之防吾邑允所急也許浦去海爲近東出海門料角之間勢與膠西相直實今日要害之地紹興辛巳淮浙東西路通泰海州沿海制置使李寶嘗任招討之責領軍駐許浦從大洋進山東遂奏膠西

之揵乾道中用馮湛計始分定海水軍爲許浦置屯時許浦深闊可藏戰艦比年以來頗覺淤塞外沙潬隆起潮雖盛大艦裝雖重不能出海道有變援應非便於是乃有分屯寨兵更戍顧逕之議至寶慶間增爲二千五百人升爲左軍轄以統制易更戍爲就屯許浦既宿重兵而又得顧逕爲之犄角兩屯相望雄於江滸所以爲備禦計者始益詳盡矣

水利

常熟爲邑北枕大江諸湖交貫其中實澤國也有陂塘以蓄灌溉有洲瀆以泄深漲故無旱乾水溢而得常熟之名然潮沙易積浦瀆多壅每賴疏瀹浚導之功錢氏有國時創開江營置都水師者以主水事募卒爲都號曰撩淺宋朝因之有

卒千人爲兩指揮第一在常熟第二在崑山專職修濬自郡民朱勔進花石綱盡奪營卒以往於是開江營遂空而修濬之事廢矣按紹興中大理寺丞周環言平江低田多爲水浸蓋諸浦淤塞望令有司於農隙開決俾北流通徹實無窮之利乃詔兩浙漕臣措置而轉運副使趙子潚知平江府蔣粲言太湖者數州之巨浸而獨泄於松江之一川宜其勢有所不逮是以昔人於常熟之北開二十四浦疏而導之于揚子江又于崑山之東開十二浦分而納之于海其浦後皆爲潮汐沙積而開江之卒亦廢於是民田有淹浸之憂天聖間漕臣張綸嘗至常熟崑山各開衆浦（天聖中吳中水災命發運使張綸同守臣于崑山常熟各開衆浦以導水）景祐間范文正公亦開浚五河親至海浦（文正公守鄉郡）

値歲歉謂松江不能盡泄震澤之水當疏導諸邑河渠東南
入吳松江東北入揚子江其時親至其地開浚五河疏導積
潦皆受
其賜政和間提舉官趙霖又開三十餘浦此皆見於已行
者也政和間提舉趙霖言常熟二十四浦除許浦白茆浦福
山浦深闊不須開治外有黃泗浦奚浦東西二陳浦水
門塘浦崔浦耿涇浦魚碑浦塢溝浦尨浦塘浦高浦金涇浦
石橦浦陸河浦北溝甘草浦千步涇浦司馬涇浦錢涇浦黃
鶯漕也宣和元年正月霖修築常熟塘岸隨岸開塘又開修
崔浦自陳家莊至雉浦塘口出梅里塘長二十三里有畸黃
泗浦連小山浦至湖口長七十里有畸又築常熟塘岸長六
十里有畸界岸長四千七百三十一丈十月復應詔措置可
爲田處修築錢涇口至藕蕩村大岸張墓塘北至小山浦山
塘涇自小山浦口至本縣市河顏家涇徹入小山浦至是年
八月內
畢工今諸浦堙塞又非前比總計用工三百三十餘萬錢
三十三萬餘貫米一十萬餘石緣平江積水已兩月未退望
速行之乃詔監察御史任古本路提刑徐康覆視古至言常
熟五浦通江委是快便若依子偁所請以五千人爲率來歲

正月入役月餘可畢又言平江四縣舊有開江兵二千人今乞止於常熟崑山各招填百人得旨從之遂出御前激賞庫錢平江府上供米如其所請之數於是即日興工焉竊攷任察院所奏最爲知利害者蓋此邑有五浦皆注於江東則白茆浦東北則許浦正北則福山浦西北則黄泗浦及奚浦五浦常濬則潦無漲溢之虞旱獲灌溉之利所關不小耆老猶記海船常至邑郭故邑有通江橋而許浦過梅里鎮潮汐迅急鎮橋之下往、壊舟至開月河以殺水怒而紹興丁卯康譽之作招眞記云邑去江不及程陂湖畎澮之積自南至者傾入於江江潮既應則迅瀾倒流逆于市橋之二水相制移時不能去可想矣自紹興丁卯至今九十七年澤浦淤塞至

琴川志卷五　四

或委曲僅一線之水既無復開導而陂湖又多包圍成田故水則下流不能遽泄遂決溢以成淹浸一或告旱而上流去水愈遠易成乾涸浙西提舉徐誼所謂昔之中田今為上田昔之下田今為中田昔之草蕩今為下田是也極于寶慶之水嘉熙之旱無所措手大謂邑民之病然則任斯邑之寄者水利源委悉不可不熟講也按熙寧三年崑山郟亶獻水利書備述原委亦有可采者文多不盡録其大畧則見之吳郡志中

楊子大江在縣東迤而北與通州對岸自福山江口至縣三十六里

湖

尚湖在西南去邑四里長十有五里廣九里舊經曰上湖

崑承湖在東南去邑五里廣長各十八里舊傳有篷舟人夜行或見之屹如巨岸目光閃爍海潦□降呼吸雲霧騰駕風濤沿湖之田恭爲巨浸田家患之一日有客舟適崑山遇白衣婦人附舟去抵岸忽不見自此湖中無患意即是物也舊經不載按朱長文志唯曰崑湖别有陽城湖與上湖相對俗謂之八字湖

馬涇湖在崑承湖東南接崑山境去邑四十里廣長各五里父老相傳云舊有就水草牧馬者一夕群馬驚鳴逸入于水故名馬驚今字之訛耳

涇

小娘子涇在縣治之前循縣治而西折而北又西過慧日寺

又北沿虞山之趾貫絡邑中古以疏泄山水之暴自兵火後居民侵塞由慧日寺以西僅存一溝自其東過縣而屬於運塘亦皆爲浮棚不復通舟故霖潦波帀而旱燥無以備火邑民病之嘉定元年三月令葉凱謂涇之循縣而西者皆居民覆屋其上壅塞歲久開浚必動衆未易輕議至若貫縣橋而東者一河横亘闤闠疏而導之不獨舟得徑抵井邑且可備鬱攸之災遂捐公贏募役夫浚治不日通流東徹運渠西南水湊舭船歩公私便之或曰本小洋子涇記爲娘字耳

山塘涇在虞山西南小山港在山西北政和間父老請于朝開此二涇以泄山水之暴故田者得免冒没

塘

常熟塘自齊門北至常熟百餘里朱長文志云唐元和中所開古碣僅存其郡守氏李不著名廉使氏韓元和三年韓皐為浙西觀察使疑即皐也緣塘皆有涇浦入于北江蓋釃其渠以洩水則有涇引其流以至江則有浦（涇者如黃涇周涇丁涇嘐塘涇山塘涇之類是也浦者如福山浦黃泗浦奚浦陳浦許浦之類是也）而湖之水皆賴以泄焉

鹽鐵塘亦名內河其口始自黃窯繚繞數百里南接崑山西連江陰不知何代所開所以泄吳松江之水也今不詳其處鄭亶稱縣西北六十里有塘唐文宗太和中再開疑此即是

梅里塘東接許浦西接運河郟亶謂開之使水北入揚子江

宣味間趙霖開見前水利注

福山塘政和間趙霖奏自沿江下北繞崑山常熟皆五里有

縱浦在常熟塘則爲福山東横塘福山西横塘

重修琴川志卷第五

重修琴川志卷第六

敘賦

縣令平賦課上郡國漢制也晉縣屬有金倉掾隋縣屬有金都曹皆主縣賦至唐以催科爲上最而縣賦始重迄今大畧如之然有土此有財土者財之所從出而田爲本故禹貢敘九州之土之田之賦次第言之者以此常熟以富裕名益田多而賦衍也自經界不正賦入日狹而縣不可支經界正矣賦入無所虧矣而縣益不可支何哉拘苗有令取無孑遺其端則有自矣縣之月解於是一切倚辦於征酤以救目前而愈久愈極將至於無可爲計也可不詳論其故歟故作敘賦

自紹興李侍郎椿年行經界民無隱田田無詭戶而官民兩

利焉既閱百年厖亂紛如州縣之有志力者類欲釐而正之未能盡如所欲也端平間令王爚慨然以身任其事甫及期年弓量竣訖於是版籍詳而賦役平矣然去今未久也而詭挾竄易類多有之大抵爲規避科役計違禁破約一切不暇恤昔之告戒範防幾於蕩然而賦役之弊端寖如故也故今敘版賦之源委一以端平爲據庶幾欲救弊而反本者尚於此有攷焉

版籍

田

元管田二百三十二萬一千五百六十三畝三角六步半端平二年[illegible]後經界管田二百四十一萬九千八百九十二畝

三角一十步

民田共二百二十一萬九千九十二畝二角一十步

諸色官田共二十萬八百畝五十一步

常平田二萬四千三百一十五畝二角三十四步半

營田三萬七千三百八十三畝一十三步

沒官田三萬二千三百五十二畝三角三十四步半

圍田五萬四千一十六畝二角半步

養士學田五千八百八畝三角二十三步半內府學田本縣學田

荒田六千五百五畝二角三十步

職田三萬一千六百八十畝三角四十五步

塘塗田三百六十二畝二十四步

許浦水軍都統司寨基田九十七畝二十步
河陽坊酒庫田一畝一角四十步
積水茭蕩田三千二百一十六畝一角五十步
沙田四千九百六十四畝一十五步半
撥賜萬壽寺田九十五畝三角五步

地

元管地計一十四萬八千六百六十畝三角三步半端平二
年修復經界管地計二十萬八千三十八畝二角五十五步
民地共一十九萬一千五百九十九畝三角一十九步
諸邑官地共一萬六千四百三十八畝三角三十一步
常平地九百六十九畝二角一十五步

營池二千九百五十二畝一角四十九步
沒官地三千五百九十八畝三角五十六步
養士學地一百一十五畝一十一步
荒地二千四百五十一畝三十步
職地五百八十二畝三步半
塘塗地四百五十七畝二角二步
許浦水軍都統司寨基及鎮寨基地共三千七百四十
二畝三角三十七步
坊場基地八十八畝二角二十八步半
沙柴場地一千二百六十一畝一角二十步
焚化院地二十畝二角五十步

廟基地二百一畝一角一十四步

戶口　建隆元年敕應天下縣據見管主戶重陞降地望取四千戶以上爲望三千戶以上爲緊二千戶以上一千戶以下爲中下又開寶六年敕五百戶以下爲下縣自今後三年一度取諸道州縣見管戶口陞降

主戶　　客戶

主丁　　客丁

僧　　道

尼

稅

國家盡削錢氏白配之目遣右補闕王永高象先各乘遞馬均定稅數只作中下兩等中田一畝夏稅錢四文四分秋米八升下田一畝錢三文三分米七升四合取於民者不過如

此自熙豐更法崇觀多事靖炎軍興隨時增益不可勝算至今日而極矣亦合稍思所以爲民計乎

元管夏稅絹和買絹紬綿折帛錢一十萬二千三百三十一貫三百四十四文除紹興經界重誤多樁事故七千四百八十二貫三百三文實計稅錢九萬四千八百四十九貫四十一文端平二年修復經界管夏稅絹和買絹紬綿折帛錢計一十萬四百七十三貫三百三十七文二分比祖額增夏稅絹等錢五千六百二十三貫二百九十六文二分

苗

元管秋苗七萬四千一百二十石八斗七升除紹興經界重誤多樁事故三千八百六十四石二斗三升實計苗米七萬二百五十六石六斗四升端平二年修復經界管秋苗七萬二千五百六十一石七

琴川志卷六　四

斗九升五合比祖額增苗米二千三百五石一斗五升五合比正賦也近年於正賦外以苗爲率復科納和糴焉蓋吳中和糴自嘉定置百萬倉始其初一惟坐倉招來而歲莫不以辦足告其後寖有科抑之令極於紹定又極於嘉熙而人户緣此凋弊者十幾六七矣淳祐宸旨將免科抑於是吳民始復有生意未幾乃踵行之至于今則少有定數價無甚虧措畫頗亦甚善然孰爲成例按爲常行歲歲如之其間病弊固未易以歷數也常熟歲糴多至三十萬石少亦不下十四五萬石連年豐稔粗曰辦事一有水旱其數愈多其價不益一如嘉熙之時將若之何固切憂之然則上

之人所宜爲培護本根計稍思所以變通之可也

常平義倉

按義定二年王琪奏置義倉復罷復增損不常至紹興六年總制司申明大觀指揮每納正苗米一石帶納義倉米一斗零納不及斗者不收義倉此所以備凶荒也若夫常平之制祖宗朝盡取沒官田所入專以濟給老疾貧乏不能自存之人今本縣則以常平義倉合而爲一云

役錢

版帳錢一年兩料共二萬九千八百三十四貫七百一十六文

弓手錢一年兩料共一萬三千七百六貫三百七十文

酒課

本縣酒課古例郡給糯米二千四百石就縣倉糯苗關支又有縣倉斛面可以裨助故醖釀寬剩縣計賴以仰給焉自嘉熙元年郡取糯苗歸府輸納歲自府倉支出前項本色付縣盪造而歲計所入始頓狹矣淳祐四年郡併取杭苗歸府却準給糯米價錢付縣自行收糴淳祐七年令趙與詡請于郡乞措留歲給糯米之數就縣送納而郡不能從續止蒙撥留折苗一千二百六十三石一斗五升歸之縣於是本縣却令人戶折納糯米以爲酒本謂之折段粳然亦僅及舊例三分之一外此則許於版帳內截留合解錢九百九十五貫八百八文中半錢會以充糴麥造麴之用所謂酒本如斯而已而本府

及倅廳月解版帳寫數則甚夥也往年解赴郡帑猶或可以
申展自淳祐七年徑以合解之數撥充許浦水軍券錢就縣
支給應副宣限分文不可拖欠頃刻不可稽遲而自解倅廳
水軍錢大率亦猶是也自二月至七月謂之大月分八月至
正月謂之小月分每月錢數雖有多寡之不同以成年計之
總計七十五萬三千餘緡往往鑿空取辦然亦不過資於酒
課耳歲計非得清黃酒七千餘石莫能應辦而官資俸給與
夫支遣饋遺不與焉加以柴炭工食等費州家所給既不足
用不免典貸告糴於上户以充醞造又借錢於州郡買酒於
外坊轉糴變轉規取什一之贏以爲逐時支撐之計則亦甚
艱窘矣將來築底其憂實多最是水軍打請之時設或措辦

不周禍患立見上之人所宜計慮久遠務從寬恤使爲縣者略得以展布可也

拍店

常熟縣計令既全仰於酒而酒課之盈虧往往在乎拍店之多寡訪之故老昔年官酒店凡四十餘所其間多僦大家富室房廊爲之續以官司負其僦金乃乘頹弊盡以折去今所存者樓六亭店十皆官物也拍店之所既少則發酒之數甚微加以私酤交行憧憧難遏何望縣計之充盈邪鮑令君廉於是移撥官司空閑舊屋添創拍店七所庶以收拾遺利然類非衝要沽賣實稀而積累增收亦或可以少裨助焉但此邑之吏每視官錢猶已物凡所以肆其侵欺者無所不至後

之人亦惟精加考覈焉可也

醋息錢

舊有醋庫官造醋以取息比年以來撲賣於民每日納息不過十數千權爲酒務僱夫之用外此又有醋錢責之寺觀菴字輸納近年其籍散亡止據其見納者每月約千餘緡并歸版帳

商稅錢

初無定額日據赤曆所收以爲版帳之助然大約日收不過三四十千蓋常熟既非孔道近年又以淮路多梗商旅類出於他郡而縣稅益寡落無怪也

工供

縣困於上供甚矣一歲版計至輸七十餘萬緡其間如許浦水軍券錢一項最爲關繫鮑令君廉日以乏興爲慮戴星勤瘁凡奉養燕遊一切痛節所得月俸圭租類置而不問故每僅僅能辦給良亦難矣昔陳待制謙奏疏謂郡縣征利椎斧相臨而縣爲之底驅士大夫作縣如赴湯蹈火是豈眞知爲縣之難者使其視茲邑之煎熬又將如之何哉然則有若鮑令君之政亦上之人所宜獎異也

全年版帳通計九十二萬八千八百八貫八百四文

内縣庫合發錢七十五萬三千四百九十七貫五百九十二文

内丞廳役錢一十七萬五千三百一十一貫二百一十二

文

許浦水軍券錢四十六萬五千二百一十貫九十二文

轉運主管司錢二十五萬一千九百四十五貫一百文

常平庫府役錢二萬八千八百八十九貫文

五六分錢四千九百九十八貫九百文

通判西廳減省催人錢二千二百九十二貫文

提刑司頭子錢一百六十二貫五百文

錢庫

縣錢庫例置于廳事之兩旁此則請官收支之庫也若庫子交錢之所則有到廊庫焉本縣目今所收別無項目大都不過酒錢商稅錢而已舊來廊庫在鼓樓之側去廳差遠每日

收到之錢漫不可稽績移就中門其相與爲欺則猶故也鮑
令君廉任内不免將縣廳東庫就令交收耳目爲近或易攷
察然書手與庫裕財賦司通同爲一亦難盡察於關防之外
要須令書手不得干與錢物庫裕不得干與帳目猶庶幾焉
又如本縣其他財賦之合解上司者吏輩循習舊例往往收
於其家發於其手奬倖難窮要未易革而亦不容於不革也

職田

提舉使廳九十石四升

茶鹽司提幹廳一百六石六斗六升

茶鹽添差提幹廳三百四石六斗

常平司提幹廳九十三石七斗二升

常平添差提幹廳一百七十石
轉運司宗室運幹廳四十石
知府使廳一百八十石九斗五升
僉判廳三十八石
添差節推廳六十石
察推廳七十一石五斗六升
司理廳五十石九斗一升
司法廳九十三石八斗九升
糧料廳三十石
監税廳九十三石四斗
監比較務廳二十一石三斗一升

總管廳二百二十石
路鈐廳二百二十七石二斗六升
添差路鈐廳二百二十七石二斗六升
路分廳九石三斗六升
都監廳九十七石八斗
添差都監廳四十八石四斗
監押廳八石七斗二升
添差監押廳一百四十三石二斗二升
知縣六百八十五石九斗七升
縣丞四百五十五石八斗六升
主簿二百八十五石三斗七升

縣尉二百八十四石二斗二升
監酒一百七十九石八斗六升
監税一百七十九石八斗六升
梅里監鎮一百二十石八斗
許浦監鎮一百二十石四升
福山監鎮八十五石三斗八升
慶安監鎮二十六石二斗九升
福山巡檢七十四石九斗四升
許浦巡檢一百二十三石八斗三升
白茆巡檢一百二十石
計五千二百八十九石三斗六升

琴川志卷六　十

職租并在府諸廳每年入納額管三千六百四十一石五斗三升往歲並支本色又以苗輸縣倉所入豐裕於合支數外每有增益焉自苗歸府縣計空乏既無增益而餘米復不足以供但干支遣且淮淛發運所將上項職租盡行回糴以充軍餉縣家仍有賠貼般運種種之費最是縣吏爲欺攬收入己臨時但以空身抵瞞甚則竄逸每歲一易其籍盖有籍無其田而吏有其租者今回糴一項固未能免而弊之在吏者苟精加考覈無隨其計庶乎租額有稽不至平白爲之失陷也

縣役人

押録舊額二人今以縣事緐冗手分隨按分所差無定額增差不定

貼司
廳子
手力 即廳子引事名字請給於丞廳
鄉戛 請給於稅務
弓手 舊額一百六十五名
市巡 弓手輪差
斗級
欄頭
酒匠
直司

引事
書司
鄉司
當直人 輪番散番等請給於縣庫茶酒帳設邀喝
雜職
牢子 弓手輪差每月輪差一名充獄具
所由
斗子
務司
柵子
腳力 凡保正追會之事

僧直司承受寺院事件

鄉役人附義役省劄文

國朝鄉役人自熙寧行保甲罷耆戶長壯丁而法始變自元祐復耆戶長壯丁猶以保甲而法大變自紹聖而後以耆戶長壯丁錢盡歸公上而法盡變民避役如避寇舉世盡然是邑獨甚端平既正經界乃汲汲茲事謂按籍遴差終不能無弊於是因數都義役之舊一以乾道詔書從事排年任役率田供費條畫列之規約宸旨丁寧一一具載之所以計慮久遠者亦悉矣曾未二十年更革幾無復遺而受害者大抵如故嗚呼累年成之而不足一旦壞之而有餘豈不甚可惜哉然綱目具存爲政者儻放求而舉行之則爲力亦甚易故今

樜王令君申明之要著于編若其詳則有規約在
平江府狀據常熟知縣王承議申竊惟賦役二事關於民生
利害最大本縣向來戶版厖亂吏姦縱橫官督虛籍之賦民
苦破家之役追惟往弊不忍復言當職職思其憂自初到官
亟圖所以救之修復經界整比版籍民按實產受常賦貧富
小大幸就明實儻不及時團結義役則作偽者詭寄以自利
尚氣者紛糾以傷和役政不修賦籍隨壞非特前功盡廢抑
恐後患滋多迺分委鄉官勸率役產參合鄰分主客之勢斟
酌地里寬窄之宜量役費之重輕準助田之多寡仍詳為開
陳使人樂趨第其先後以次充替經始于端平丙申四月訖
事于嘉熙丁酉五月載念官民兩便備罄勤勞雖令者喜於

有成无籍後人守而勿失方爲永便除已採摭始行之大要
條畫垂遠之定式繕寫成帙申府僉印發下外其間更有數
條事體稍重關於義役修廢乞從本府備申朝省劄下本縣
遵守併劄提舉常平使司照會施行須至供申者
一據申本縣九鄉五十都今管義役田地共五萬五百二
十二畝一角五十八步五尺五寸歲收租米麥共二萬
四千九百九十八石六斗四升一合一勺已隨都分大
小分撥與保正長聽其任便收支以助役費有餘不足
官司更不復干預其田並係常平物業不許公私典賣
亦不許移易轉換違者按法坐罪業還義役莊錢沒官
其助田之家将来富者不加增貧者不許取入仕而免

役者不給還有家道倍進樂然添助者聽有縣富而素不助田者量助

一據申本縣諸都舊亦各有役田止緣役首欲擅其利故自破壞義役掩取田租又慮人告發則或獻納本縣版帳庫或獻納常平司旋即詭名請佃量納租錢官司苟目前之微利不暇爲赤子深謀多薾其計夫庸錢不除差役仍舊民已不勝其勞矣今役費日重民至相率出田助役自以爲義彼其所以不憚其煩者蓋欲求一日之安工之人能反其初而觀之寧不爲之惻然動心乎今在版帳庫者二百餘畝已給還久矣在常平司者見議申乞所有今來見管義田日後並不許姦民獻納官

司亦不當收受有獻納者則將其人根究重寘于法

一據申保正長向來充役之費最為浩瀚保長既為產去稅存逃亡户絶等户代納稅租矣而為保正者亦仰之催科例行賠納其他色目尤多如保正則有科供竹木科取穀果科買糟酒節序燈油接官器具檢屍定驗之費保長則有着役召保請給虛限出鄉簿書七夕冬至二節供送吏胥之費加以上落脚頭開拆司苗稅案誅求無藝已一切禁戢蠲免供具申本府及諸司永與蠲除後如吏胥更有纖毫科擾即仰役人與機察糾率衆户經縣及經上司理訴痛與究治

一據申義役初行之時勸率助田則上户非所便義役既

成之後不復差役則公吏非所便其至便者惟大小役户而已竊恐日後上户之已出田者或再欲佔據或强自抱祖吏人或破例差役或生事撈擾許役户與機察合詞經官理訴或往上司陳乞必使攻擾之計不得容毫髮而後義役之利可以垂永久至如鄉長不許干預役事遇造保長当稅簿子仰明注欠户住居地分如保長不知着落而鄉長志在乞寛不以實告亦許保長陳論官司當與根究重作施行務要保長分文無陪納之患

一據申本縣各都保正長雖已分撥田租以充役費而其間窮窄都分或遇水旱則役户必難支吾今將諸都率

到官民户餘贍助役錢及拘到端平二年三年不差苗長舊義役米錢并本縣撥到官錢共二萬二千三百貫文官會約可買田八百餘畝可得租米六百餘石别項樁積於樁積米内斟酌均撥支付役户以助其用申縣照會如寬都偶遇水旱特甚委是費力亦與量行給助如官司忽以借兌爲由干預錢米不許提督容情應副其餘已别詳立規式

一據申役政之弊始於版籍之不明版籍之弊始於過割之不謹本縣今將各都新排經界田籍備録一本印押交付機察謹密收藏每遇人户典賣田産並許具狀經縣陳乞送下機察仰置簿打號發下保正役主内係起

催夏税以後入狀者即責付新苗保長內係起催秋苗以後即責付新税保長令取責契照及兩家砧基點對保明類申機察機察類申本縣送鄉憂局參對官籍移割其詭名寄產者繳回元狀不許容情相與爲欺違者一例坐罪務要戶籍常清保長可無陪納之患本縣自十二月初一日以後受移割夏税狀止正月十五日終自六月初一日以後受移割秋苗狀止六月終限滿更不受理

一據申保正義役事件至多已置籍申府僉印照證今不敢細碎煩瀆姑摘取其要切者供申其餘條目凡酌之僉論而載于官籍者並一體施行伏候指揮八月二日

奉聖旨王𤨏修復經界義役職事修舉與轉一官並下
浙西提舉司平江府常熟縣永遠遵守勿致黠吏姦民
輒行破壞

右劄付平江府常熟縣

嘉熙元年八月

重修琴川志卷第六

重修琴川志卷第七

敘兵

縣有弓兵有寨兵此定制也中興以來規相要害增置列戍則有大軍焉常熟瀕江近海地嚴控扼列峙舟師於是有許浦之屯前衛後擊實相犄角於是復有顧逕之屯兩屯相望雄據江滸而規模宏遠矣近年忠節軍之置又所以增備苴闕而弓兵寨兵等則縣之所恃以立者皆非可以具文視也故作敘兵

許浦御前水軍

建炎紹興間水軍嘗戍江陰及許浦福山諸處無一定之所乾道六年初自明之定海分屯於此既而御前水軍統制馮湛奏臣躬親相視海道控扼去處數內蘇州許浦鎮實控扼

之要港汊深遠可以安泊舟船土地高廣可以安立寨柵比
之江陰屯駐之地公議差勝且去淮甸不遠斥堠相連易於
探報比之定海駐劄之地尤爲良便乞於許浦鎮屯駐大軍
合用寨地委平江府差官與本軍同去許浦踏逐標撥并數
場地步施行四月九日三省樞密院劄付平江守臣汪應辰
遂差委常熟縣丞秦焞同水軍統制差來使臣踏逐寨地間
今據所申還定合立寨基其所指地段並係人戶居止屋宇
及埋葬墳塋包占田土七千餘畝並係膏腴之地見種麻麥
相次成熟種下秧苗亦皆廢壞小民失業號泣盈路兼許浦
鎮止係邊江不當海道即非緊切控扼之地舊年曾經分撥
些少防江人船時暫屯戍其海道自別有要害去處正合八

軍屯戍令却全軍盡在許浦亦來爲便其許浦去海約百六十餘里既非緊切控扼之地而其要害去處又却無備徒使一方田廬墳墓復不能保伏望特降睿旨施行尋奉聖旨令依已降指揮疾速打畫圖本申三省樞密院只就許浦立寨時定寨基東接許浦太平西接梅里勝法上覽圖喜形天顏謂太平勝法皆佳名也故從其請初水軍元額一萬四千人分爲四軍八將六十三隊於內分撥三百人江陰駐劄乾道七年十月奉聖旨許浦御前水軍以七千人爲額淳熙三年二月馮湛請再招收一千人奉聖旨增額五百人五年八月于友奏乞增額五百人不拘等仗刺充勝捷均撥使喚紹興元年四月奏聖旨發到福山寄招稍矴水手三百二千人併撥到水手一百八十人付司收刺支破吐渾請

給嘉泰四年七月樞密院劄子招募販倭人支破全分效用請給開禧二年馮拱申海艦百隻水手分布不敷乞招收三色軍兵五百人又乞招收武藝精熟一百人刺充全效嘉定十五年都統吴英乞增收稍矴水手八百四十人刺充勝捷吐渾與元管兵總以萬人爲額寶慶元年吴英復申本司駐劄許浦分屯列戍管認江海地分頗闊所管隘口惟顧逕最是緊切本司差撥官兵二千人着隘防捍比年以來虜寇侵擾兩淮州郡累蒙朝廷調遣本司兵船前去建康直至江池鄂渚應援防護江面本司兵額雖曰萬人除分屯顧逕黄魚垛江陰寨及楚州管下淮海等處捍禦出江下海外許浦在寨人數無幾每遇調發不免逐急于顧逕二千人内抽差一

千人揍用止有千人在戍除看守倉場庫務軍器支打錢糧外守禦委是寡少今欲措置增招二千人添置左軍内撥新舊軍人相半駐劄顧逕如或上流江面等處有警便可就許浦調發實為軍國經久利便從之

許浦顧逕左軍

許浦東百餘里曰顧逕與黄魚垜相望轉料角趍沙窖拒山東海界淳熙間兵官王軫請留五百人分屯後增五百人又增千人總以統轄然更戍不定至寳慶元年十一月許浦都統吴英始上建屯之議分許浦二千五百人置屯顧逕為許浦左軍以張裕為左軍統制領之　有戴栩記

福山忠節水軍

淳祐九年制西安撫使趙與𥲅奏乞於福山魏村江灣處各
置戍兵三百人以防江面從之
本縣弓兵
祖額一百六十五名
本縣鋪兵
祖額
許浦巡檢寨
祖額一百四十四名
福山巡檢寨
祖額一百四十四名
白茆巡檢寨

祖額一百四十四名

重修琴川志卷第七

琴川志卷七　四

重修琴川志卷第八

敘人

十室之邑必有忠信況環百里之廣邪宰武城者進澹臺令許縣者奇陳寔益喜斯地之有斯人也常熟地本荆蠻前乎此蔑可紀矣自仲雍以禮遜爲化子游以文學名科而文物彬彬貫表於他郡國然由是而後幾無得而稱焉如宋王敬則之僑處隋管崇之隱居紀載於史時一聞見抑何其寥寥邪不然殆有所遺逸歟姑裒所見故作敘人

進士題名

進士登科之有題名亦可謂榮矣近者府庠刊石總曰吴郡登科題名今取吾邑進士析而列之詳而紀之或父子聯芳

貳兄弟並秀蓋繼此而未已後之覽者豈無羨焉

按吳郡志列進士題名一卷以端拱初元龔識爲首然未嘗彙分邑進士之目慶元志雖析而列之年序錯雜無攷焉今紀其次

陸景字伯通景祐元年張唐榜終於太常博士 孫微之

陸微之字彥猷太學上舍生免殿試賜同進士出身終於開封府濮陽簿

陸綰字權叔寶元元年呂溱榜詳見人物門

張僑字安道皇祐元年馮京榜詳見人物門 子顏孫敏功四世孫摯

陸元規字正翁嘉祐二年章衡榜終於承議郎 兄元長

陸元長字□□嘉祐六年王俊民榜終於朝奉大夫

張敦字祖仁治平四年許安世榜終於宣德郎贈左大中大

夫子衲

張顏字正甫熙寧六年余中榜終於秘書省校書郎贈中奉大夫

嚴君麟字□□元豐五年黄裳榜終於遷調姪煥

程元允字志行崇寧五年蔡嶷榜終於朝請大夫興國軍倅弟元弼

程閎字閎道政和二年莫儔榜終於太常博士

張敵功字守道政和五年何㮚榜終於朝請大夫

陳起宗字興祖政和五年何㮚榜詳見人物門

錢觀復字知原政和五年何㮚榜詳見人物門子俁佃

張柟字材仲政和五年何㮚榜終於朝請大夫詳見人物門

林友字德臣宣和三年何㮚榜終於樞密院編修官 弟犮

程元敏字夢良宣和三年何㮚榜終於朝散郎

富元衡字公權宣和六年沈晦榜詳見人物門

鄭時字是翁宣和六年沈晦榜詳見人物門

鄭揚字國明建炎二年李易榜終於□□□

王履字用和紹興八年黄公度榜終於選調

王伯庠字師德紹興十二年陳誠之榜詳見人物門

許光國字利賓紹興十二年陳誠之榜終於調選

嚴焕字子文紹興十二年陳誠之榜詳見人物門

吴取字和卿紹興十五年劉章榜終於承議郎

林犮字表臣紹興十五年劉章榜終於調選

錢佃字仲耕紹興十五年劉章榜詳見人物門
冷世光字賓王紹興十八年王佐榜詳見人物門
冷世修字良器紹興十八年王佐榜詳見人物門
錢俣字惟大紹興二十一年趙逵榜詳見人物門
鄒嶰字仲山紹興二十四年張孝祥榜終於承議郎　弟企
趙公豫字仲謙紹興二十四年張孝祥榜詳見人物門
趙思字再可紹興二十四年張孝祥榜詳見人物門
姚愈字次韓紹興二十七年王十朋榜終於御史中丞
鄒企字及之隆興元年木待問榜終於楚州教授
吳琥字子琥乾道八年黄定榜終於承議郎
錢萬選字少張淳熙二年詹騤榜終於選調　弟萬頃

錢萬頃字師元淳熙二年詹騤榜終於無爲軍教授

張攀字從龍淳熙十一年衛涇榜詳見人物門

顧叔康字世符淳熙十一年衛涇榜終於通直郎

趙彥适字周伯淳熙十四年王容榜終於刑部郎中知徽州

孫時言

周虎字叔子慶元二年武舉第一人詳見人物門

曹大昌字耆卿嘉泰二年傅行簡榜終於□□□

陶永字永叔開禧元年毛自知榜終於選調

趙潽夫字德進嘉定元年鄭自誠榜

趙崇驥字德甫嘉定十六年蔣重珍榜

陶虎字景召寶慶二年王會龍榜

趙時言字子然嘉熙二年周坦榜

人物

常熟古壯縣詩書禮樂之地自言子游親聖門以來人才宜不乏而前志所載唐龔景才一人而已其軼遺既多今欲補記無由攷稚前朝至今一鄉之望以示後來名而列之示不私云

前朝

巫咸 梁昭明太子招眞治碑云境有虞山越絶書云巫咸之所出也

言偃吳人 索隱曰家語云魯人按偃在魯爲武城宰耳今吳郡有言偃冢葢吳郡人爲是也 字子游少孔子四十五歲子游既已受學聖門以文學名科爲武城宰孔子過聞絃歌之聲孔子莞爾而笑曰割雞焉用牛

刀子游曰昔者偃也聞諸夫子曰君子學道則愛人小人學道則易使孔子曰二三子偃之言是也前言戲之耳孔子以爲子游習於文學見史記列傳○禮記檀弓云汰哉叔氏注叔氏子游别字也又云申詳之哭言思也亦然説者云言思子游之子○蘇州記云言偃宅在縣治西北吳地記云宅旁有井井邊有浣衣石周回四尺皆其故物朱長文志謂之浣衣石輿地志云石爲太守蕭正德持去莫知所在

唐

龔景才字敦禮慶元志曰唐龔景才縣人也五世同居以孝義稱麟德九年旌表門閭至宋其子孫多居小山景祐四年有龔沂者登進士第驗其告身乃用兄潭尹貫又孝轉儒林郎告其中有云家屬見居蘇州乞授兩浙差遣遂調婺州金華縣主簿乃知龔沂實龔景才之裔也所以吳郡

題名闕而不載嘗知瓊州瓊山縣終於奉議郎

宋

陸綰字權叔縣人登呂溱榜進士第綰本名絳字伯厚見前史同姓名者不道故更今名綰讀書務通理道根聖人之心著書必本經以救宿儒之弊昆弟八推先疇而付之捐俸賑族唯恐不給撫孤姪猶其子以此各登科名臨吏則益嚴臨民則益恤奉己則甚薄奉賓親則甚厚嘗提舉江淮茶稅充淮南路制置發運司運鹽公事終朝奉郎尚書職方郎中贈中散大夫有春秋新解三十卷工歌詩有聽琴歌等作皆膾炙人口提舉茶稅時蘇文安洵贈之以詩云君家本江湖南行即鄉里茶稅雖冗繁漸喜官資美嗟

君本篤學寤寐好文字往年在巴蜀憶見春秋始名家亂
如髮紛錯費尋理今來未五歲新傳滿盈几又言欲治易
雜說書萬紙君心不可測日夜涌如水何年重相逢祇益
使余畏但恐荼事多亂子易中意荼易兩無妨知君足才
思見老泉集中龍圖閣學士祖無擇為撰墓誌

陸嶶之字彥猷縣人高才博學邑中推為鄉先生建中靖國
初有詔求直言嶶之進對與雍孝聞等力陳時政闕失唱
第日皆駁放大觀末彗星見復收拾孝聞等嶶之已卒見國
史慶元志云太學上舍生免殿試賜同進士出身終於開封府濮陽簿

張僑字安道縣人有聲場屋間嘗作月中桂詩膾炙人口登
皇祐元年進士第因言事謫衢州終於朝散郎尚書都官

員外郎同年趙清獻抃遊從極厚詩筒往來觀其交足以知其人矣清獻嘗有送僑赴闕詩云君數過予瀫水邊從容不覺歲華遷同年契有二千石羣務官成三百篇兩縣子庭俱戲綵一州僚館競鋪筵到應禁闥新秋近班對威顏咫尺天寫之金花牋墨色如新今藏於家及僑召還復有詩餞行今有六篇二帖皆諸公遺墨摹刻于山陽郡庠子顏孫敏功四世孫攀皆登科

張攀字從龍由太學登淳熙十一年進士第初調四明之鄞縣尉楚州教授知建康府溧水縣嚴州倅監登聞鼓院慶元倅知興國軍除將作監丞太府寺丞秘書丞詮次中興館閣書目凡萬四千九百四十三卷工之兼權右曹郎官

除尚右郎官改尚左軍器監同日拜命拜殿中侍御史兼侍講在憲府凡兩年除起居郎兼崇政殿説書卒年七十贈通議大夫集英殿修撰時嘉定十六年也攀寬厚易直遇事開心見誠無一毫矯飾幼年群試即不肯隨衆減年爲欺家世清白持之益堅仕州縣以循良稱在朝廷以靖共著類稱爲吉人淑士云有益齋集奏議漢唐論共若干卷

張枏字材仲縣人繇三舍法首京師入太學治書有聲登政和五年進士第初調臨江軍司刑曹事知嚴州遂安縣方臘寇嚴領兵入邑丞簿尉皆遇害枏與力戰刃中脅擁入窠穴枏曉以禍福逆順賊聳聽得脱萬死中賊繼授首政

秩知湖州歸安縣臨安府通判知泰潤衢三州皆以惠愛稱耩天性純孝知衢州日母卒年九十九歲耩年七十矣執喪甚哀人皆賢之初得郊恩舍子昇姪族有貧而喪不舉者哀而塟之年七十八官至朝議大夫贈正議大夫

陳起宗字興祖縣人少入上庠連冠多士諸公皆斂衽避之一日歸省囑同舍生投試卷起宗治書禮記同舍嫉之輒易以周禮迫試乃告之弗問即以周禮試復第一登政和五年進士第年三十七以徽猷閣學士知荊州卒起宗工詩瀟灑有陶謝之風

錢觀復字知原縣人於吳越爲疏屬由太學登政和五年進士第邑人王著登科自觀復始初調越州諸暨縣主簿政

溫州教授終更過瑞安巨寇方熾正猖獗觀復賛邑令王
公濟備禦時流民歸瑞安相屬于道或議驅出境觀復曰
孰爲吾境驅之適資盜耳遂徙之海洲居焉調湖州户曹
同郡朱勔勢方盛以鄉人故願妻以女力辭不就授楚州
士曹衢州判官虜騎犯江浙衢當要衝觀復白郡守縱民
老弱出户留一丁不留與留而疲弱不堪任者罪如軍法
既而諸兵欲乘時而變顧城中子女無所獲乃止除國子
監丞改諸王宮教授太常丞秘書郎户部員外郎宮觀起
知廣德軍歲上供民輸送回遠加斂水脚錢請于朝得廩
湖之四安至國門纔五日費減大半卒年六十五號正靜
居士有文集十五卷論語解二十卷劉待制一止誌其墓

子俣佃

錢俣字廷碩一字惟大弱冠舉於鄉考官徐良能見其文有本源意必老儒以爲選首及開卷大驚異之繼補太學生登紹興二十一年進士第授泰州教官除太學正從容學省斂以靜晦人莫窺其際除宗正寺簿太府寺丞宗正丞知袁州除秘書丞著作佐郎遷將作少監除福建路提舉終朝請郎年六十俣平生少嗜好沈冥書史藏書數千卷朱墨精謹皆手自讎校於書無所不讀尤精於易有文集五卷諸經講解十卷易說三卷崔紫微敦詩誌其墓

錢佃字仲耕弱冠入太學登紹興十五年進士第嚴州分水尉池眞二州教授改秩除諸王宫教授遷大宗正丞通判

太平州太子尹臨安擇察宋佃獨以外庸在選中擢吏部郎中對便殿言三事上稱善累遷左右司檢正兼權吏兵工三侍郎出為江西路轉運副使時盜賴文正起武陵朝廷調兵討之佃餽餉不乏繼使福建再使江西奏蠲諸郡之逋婺州饑闕守上曰錢某可郡荐饑禱雨鬚髮為白勸分移粟所活口七十餘萬政甲一路朱文公熹時為倉使與陳亮書云婺人得錢守比之他郡事體殊不同又記江西漕司養濟院謂其嘗奏免贛吉麻租二千四百五十九斛兩州之人尤歌舞之今知婺州救饑之政亦為諸郡最所以稱譽者蓋若此佃忠信恭寬根於天性臨政不求赫赫聲以字民為先務所至得民家不敢盈捐槖裝買田贍

族名曰義莊卒年六十二終於中奉大夫秘閣修撰有易解十卷詞科類要二十卷文集二十卷誠齋楊文節萬里誌其墓

富元衡字公權文忠公裔孫寓居常熟曾祖嚴咸平詞科元衡幼入太學有聲場屋間登宣和六年進士第調隨州隨縣簿建炎初爲襄陽招撫司機宜都督張魏公浚以材薦改秩爲諸王宮教授大宗正丞知江陰軍嘗辯盜有不應死者全活數十人皆感泣知興國軍改袁州遷湖南常平使者改利路提刑蜀舊例監司交鑽不下數千緡元衡却而不受改湖北提刑一以平反爲心隆興中召還中塗遇盜行李一空帥李師顏餽以匣金不啟緘而卻之除工部

郎中未幾歎曰吾清白傳家今不翅足矣上疏乞骸骨詔以内閣奉祠齋訓奨之有知止不殆之語爲堂榜以知止侈上賜也繼乞休致上嘉其志從之慶禮成賜金紫卒年八十六終朝散大夫平生清節終始不變喜坡字尤精柳葉篆

江礪字師説家海州之朐山建炎初仕于吴因寓居常熟少讀書刻苦有志事功登政和戊戌第歷濰蔡二州教官知吴江縣入爲國子監丞御史臺檢法大理寺丞權户部郎官知筠泰建三州除福建提舉兼提刑改轉運判官在建凡十年惠政不可勝紀秦檜當國以礪同年生每示意嚮且欲以孫締礪之女礪實不願欲遠之乃以兄姊未笄力

請祠而歸屏跡杜門以詩酒自適奉祠凡十二年壽七十六官至朝請大夫累贈光祿大夫礪天稟純實自律甚嚴更迭中外三十年田僅數百畝不給則舉質以繼處之裕如有易說及超然類稿千餘篇杜詩集句百篇子璪應博學宏詞科璋寧國倅琛提舉福建市舶璠舒之太湖令諸孫耒將作監丞今四世孫名德相望簪紱蟬聯金紫輝映閥閱鼎盛爲邑望望

江耒字少潛以蔭調臨安府於潛簿慶元録參淮東餉幹所至有聲知嘉興府海鹽縣興起學宮築捍海堤二十里代民輸積欠祖郡有疑獄率委平反守議賞輒辭民德其政爭先立碣薦者十有八人監三省樞密院門遷將作監丞

知台州惠州撫州皆不赴終朝奉大夫年五十六未生平尚義加厚族黨捐己田以畀姪尤人所難王忠惠萬狀其行謂天資素高才足以運慮足與謀明足以察得其實云

曾懷字欽道宣靖公曾孫世居泉州後居京師晚寓常熟宣和元年以父任調鎮江金壇簿南渡初授和州烏江令淛西帥幹知嚴州淳安縣濠州太平州通判提舉兩淛市舶知江州孝宗踐祚改真州淛西提舉以懷有應用才除度支員外郎別置拘催錢物所令專行以豐裕聞超除權戶部侍郎兼提領贍軍諸庫除戶部侍郎再歲除尚書在版曹凡五年未嘗以錢穀語人凡錢穀之數州郡所積與夫出納之多寡纖悉必記上以蕭何劉晏目之乃閣除龍圖

閣學士知婺州甫三月趣召復爲户部尚書乾道八年二月賜同進士出身除參知政事九年十月拜右丞相淳熙元年六月除觀文殿大學士宫觀甫及故里復拜右丞相力疾赴闕上以疾未全愈免赴朝參惟令入堂治事遇大政則宣引特令製輕小金帶以賜復力丐印綬仍除觀文殿大學士宫觀歸僅三月疾復作以淳熙元年薨於常熟私第年六十九贈少保懷由世家登宰輔以清約自持爲相偘偘得大臣體嘗言事之大者視之以小事之小者視之以無則天下無復事矣眞名言云有文集三十卷

鄭時字是翁縣人樞密文肅公戩之後少魁江東漕登宣和六年進士第改秩知太平州當塗縣律身廉介而撫民以

寬有訟在庭訓諭不悛而後加罰民多化之秩滿通判建康府留守晁尚書謙之待以君子長者凡所贊畫言無不從以疾奉祠而歸終於朝奉大夫公天性嗜書至老不倦自左氏史記東西漢三國志南北史以至韓柳杜樊川東坡諸文集皆手鈔編録下至稗官小説莫不經覽焉

王伯廣字師德縣梅李人登紹興十二年進士第調湖州德清尉既歸里家産遜諸弟一毫不取試教官授温州教授再調常州教授未赴而卒年五十伯廣少工於文從中書舍人楊邦弼學嘗道過臨安謁張倅材仲張曰試教官乎曰某素不習經張爲指蹊轍閲月以程文示張張大驚曰天材也即魁教官精於詩四六亦爲人膾炙舉張紫微孝

祥游詩筒往復有聽雨集藏於家

嚴燠字子文縣人嘗與同里錢南試聖人以人占天賦出場問破題押何字南曰押占字燠曰予奪魁君第二果以首薦登紹興十二年進士第調嚴州臨安教官通判建康府知江陰軍遷太常丞出為福建市舶終於朝奉大夫燠長於書筆法尤精

冷世光字賓王縣人與弟世修世南同入太學時稱為三冷與弟世修同登紹興十八年進士第調湖州歸安簿知和州歷陽縣寧國府寧國縣廣德軍教授改秩知衢州府龍游縣朱文公為常平使者旁邑令見訴于民文公命體實世光辭焉文公曰避委也往遂得其情兩省交薦幹辦行

在諸軍審計司除監察御史遷殿中侍御史條奏忠切彈劾無所避既而去國奉祠尋知嚴州丐辭得請既又引年致其仕作閒適堂睨歲優游里社泊如也年八十終朝奉大夫世光事親孝居喪哀與諸弟和於子孫盡其教自其父通奉力賑施邑里世光兄弟率行之不替鄉人至今高仰之有奏議彈章若干卷東堂類稿二十卷刀筆五卷

冷世修字良器登進士第調秀州崇德縣簿太守張瑜異之移攝理掾獄屢空知泰州興化縣辟監行在北外門激賞庫改秩乞改次等官回一階封垂白之母阜陵特命詞以寵之遠近歆艷知建康府上元縣民有互訟者世修諭之曰骨肉爭鬪非美事也今以律繩汝汝終身不可復聚妻

曲化以恩義民感泣願息爭通判和州守尚峻嚴世修濟
以寬秩滿吏民相率走諸臺乞留得知南康軍未上曰知
足不辱即丐祠作留耕堂以示子孫卒年七十三終朝奉
大夫有雜文三十卷詞料類要十卷

陳守字伯愛古靈先生諸孫自宜興徙常熟以父臺薄遺澤
仕爲興化軍莆田尉得劇賊格當爵賞守愀然曰吾其可
藉人命爲自進之階卒辭之調紹興府司法隆興中改秩
知臨安富陽縣分差鎮江府糧料院知潮州提轄行在榷
貨務知房州歸卒年六十一守孝友天性廉白無瑕玷居
母喪鬚髮盡白撫愛諸弟每食必同席俸祿不入私室家
無金銀之器他可知矣嘗自謂先世以清白遺子孫豈惟

富不可求亦所不願也陳紫徽峴誌其墓謂内行外治純篤始終允謂成德非諛言云

趙公豫字仲謙自父少師家常熟幼聰警記左氏傳不謬一字登紹興二十四年進士第調無爲軍無爲縣尉太平州録參再調無爲軍録參福建運司主管帳司改差行在激賞北酒庫知臨安府仁和縣兩易紹興府餘姚縣分差鎮江糧料院知高郵軍眞州常州提舉浙東常平茶鹽除倉部郎官兼删修敕令官遷大理少卿差充接送伴金國賀正旦使遷太府卿除秘閣修撰知太平州江東轉運副使進集英殿修撰宫觀開禧元年年七十一抗章引年陞寳謨閣待制致仕嘉定五年卒年七十八公豫沈厚清苦平

居以清坐爲適無毫髮干州縣居官廉正嘗言吾求爲循吏不求爲健吏晚歲懸車勇退識尚高遠故宸音褒奬有察辭避之眞情全始終之大節蓋誦其實也有奏稿一卷燕堂類稿五卷弟公升公頤仕皆至麾節類有政績可記云

趙思字再可本洛人寓常熟治春秋登紹興二十四年進士第調濠州鍾離簿時相虞雍公力薦之孝宗賜對便殿問恢復大計思對合上意除太府寺簿太常丞兼度支郎官台州闕守上問誰可任者僉以思對亟出覲札以授不數月治聲翕然上親書姓名於御屏除淮南路轉運判官兼憲過闕辭上曰知卿忠實故畀邊節除直秘閣因任陞副

使除户部郎官淮東總領遷起居舍人充金國賀生辰使不肯稱御名虜以爲慢來詰朝廷不得已罷之除廣西提刑奏事上曰朕每愛卿才不令卿遠出改湖州直龍圖閣再任除起居郎權吏部侍郎宮觀知靜江府廣西經略以職事修舉除秘閣修撰進集英殿修撰再奉興國祠累轉中大夫卒年七十内翰洪文敏邁誌其墓

崔敦詩字大雅世家靜海晚僑寓常熟登紹興三十年進士第主揚州高郵簿兩浙運幹除秘書省正字繼兼翰林權直早有文名所爲制詞温潤詳雅兼崇政殿說書權給事中遭内外艱時翰林學士周必大乞補外壽皇中批問吏部尚書韓元吉曰崔某今安在元吉乃具言之既召見除

樞密院編修官復爲權直既拜命即言翰林權直爲名未正即更爲學士院權直遷著作郎兼權吏部郎官又兼崇政殿說書進國子司業改權直學士院拜中書舍人加侍講直學士院敦詩賦性端厚議論疏通知大體自直宿邇講遇引對所陳必剴切至造膝密語有家人不得覗其稿者上深所器許九年夏以疾卒年僅四十有四贈中大夫有文集三十卷内外制稿二十三卷奏議總要五卷通鑑要覽六十卷制海十編監韻五編韓尚書元吉誌其墓

富嘉謀字君美文忠公裔居常熟以祖澤仕調湖州歸安尉無爲軍判官南安軍上猶縣令監行在省倉上界特旨勅處州慶元縣以才選知縣事再任臨安府通判建康分司

權轄改行在權轄知饒州改知泰州淮西運判兼憲倉兩節淮東運判知和州奉祠家居累年卒年七十七嘉謀才具素優臨政不苟居鄉尤急於義云

周虎字叔子世家臨淮靖康南徙寓於常熟虎倜儻輕財而尚氣節慶元二年擢武科第一授殿司步軍同正將除武學諭閤門舍人充金國賀生辰接伴副使知兗州楚州繼知和州實開禧二年也時虜會諸道兵加其大帥以平南盪江等號使長驅入寇十有一月至和州虎部分將士乘城以守且語父老曰吾國家守臣一朝去此則爲犇亡之人失節取名生不如死效死弗去雖死猶生吾計決矣合戰凡三十有四殺虜驍將以數十最後射中其右帥石硊

磧死傷氣沮甚大創引去於是和議始堅決而江淮奠枕矣特轉武功大夫正任文州刺史除主管侍衛馬軍行司公事特授成州團練使除侍衛馬軍都虞候帶御器械兼幹辦皇城司丐養提舉佑神觀尋謫嶶州得旨自便復元官自是召命再頒除知和州者一特轉行一官者再遜牘上弍至八九必得請乃已家居凡十有二載紹定二年轉和州防禦使致仕卒年六十九謚忠惠虎功在江淮忠節鮮儷而文詞敏贍作大字蒼獨步漫塘劉少監宰誌其墓母何氏以虎和州城守與有功進封永國太夫人母子俱廟祀于和云

王萬字處一世本婺人後寓濠州定遠人晚寓常熟少居濠

梁學舍者九年慨然有求道之志熟讀論語忽覺有得登
嘉定癸未甲科授和州教授吏部架閣國子録添差鎮江
府倅除樞密院編修官兼屯田員外郎知台州除屯田員
外郎兼編修改尚書右司仍兼編修崇政殿説書除監察
御史時嘉熙三年也會時相有不協公論者於是上疏劾
之且引歐陽修之論趙括謂天下皆知其不可獨其主不
悟者最為莫大之患疏入即除大理少卿尋改太常少卿
知寧國府令赴行在奏事除直寶章閣宫觀再令赴行在
奏事依舊直寶章閣福建提刑除直煥章閣四川宣諭使
司參謀官太常少卿並累辭不受家居累年凝塵滿席淡
如也淳祐三年卒年四十有八五年奉御筆前太常少卿

王萬立朝謇諤古之遺直爲郡廉平古之遺愛可特贈集英殿修撰十二年賜謚忠惠萬間道甚早其學由於自得談經析理不涉支離與人交不爲崖異之行故其蘊蓄深厚人莫得其窺倪每書事天二字以自警盛年而逝不得盡其所到善類咸傷惜之號柳齋有文集詩習編書志編共若干卷

隱逸

胡嶧字仲連世爲婺之永康人因祖塋吴下遂家縣之塗菘嶧姿稟澹泊恬於世嗜生趣言動皆有尺度而賓嘉喪祭率遵古法退處于家與方子通林祖德放浪泉石之間居五柳園中松窗蓬户植竹疏沼兄弟雍如父子論學二小

僮供薪水役客至談話終日罕覩世故信其爲隱君子也建炎登極特命以官一至銓曹授廸功郎欽州安遠尉而終不仕曰吾老矣姑承朝廷之恩意可也其父稷言作五柳堂至嶧又取杜子美宅舍如荒村之句榜其堂曰如村因號如村老人紹興十四年十一月卒有詩集等子百能

奉議郎諸王宮大小學教授

鍾璇字振遠一字叔齊縣人六歲而孤育于繼祖龍圖學士玅峯林先生適之家玅峯家多書因得縱觀焉與其孫璟瓌琢同肄業課率先成後璟三兄弟並登甲辰第璇遂棄舉子業取所藏書盡閱之侍官天台一日游巖谷間遇異人僧服手列禦寇書揖而與語坐盤石指一泓定水曰此

水滔、乃皇極大中之道語久別去（有孫燭湖跋語）自是有所省悟益不溺於名利放浪漁釣間藥室梅里所居多蒔香草自號藥圃隱居閉戶者二十年家雖貧殊不戚戚然有求者解衣分粟無靳色知建康唐侍郎璩自留守歸寓梅里往見之遂為忘年交浙西倉徐常丞誼吳門守沈侍郎揆皆造其廬以奇人目之范參政成大等嘗薦之於朝不報卒年五十二有藥圃稿山中録續白孔帖秦漢以來鐘鼎奇字藏於家

周甫字次山縣人幼穎悟五歲誦論語每舉一字輒引類言之淳熙癸卯秋試主文郭頤取為解魁以失書塗注太守耿秉移嗣榜首遂棄舉子業窮經史百家之書識見超卓

文筆凌厲操履益不苟號無礙老人字文參政紹節館之以邊功累官不就孫令君應時甚愛重之郡人周正字南時亦與訂所疑焉精于漢史所著韓生傳章華臺記石頭城歌等作皆膾炙人口卒年六十二遺文類散佚云

重修琴川志卷第八

重修琴川志卷第九

敘產

凡志必載其地產甚詳蓋有取乎九州所有皆聚此書之義非專逞博賅奇如茶經蟹志牡丹荔枝譜比也然昔之志南海者以龍目益智二物爲一物類不免傳疑於後世則紀述之際又有不可苟者焉常熟有原野之平衍有江湖之涵浸動植生孕厥類實繁即禹貢曰惟職方氏曰宜之例比而載之宜矣故作敘產

穀之屬　吳地宜秔稻玉粒香甘爲天下甲其種名不一

穲稏　粒白無芒熟最早　閃西風　八月熟

紅蓮　米之最佳者芒紅粒大有早晚二種陸龜蒙詩曰近炊香稻識紅蓮

鼠郎黃　野稻赤芒早晚二種
鵝鷄斑　雪裏尋有芒粒大晚熟
雪裏揀稈軟有芒粒尤大　師姑秔無芒晚熟
箭子稻此品最高晚熟朱樂圃吳門志稱之　香秈米米粒甚香晚熟著數合餘飯皆香
稻公揀早晚二種　顧公揀
白稻早晚二種　舜哥稻兩重殼如蠅翅
稻裏揀　雪裏扮
揀出稻　九節稻
無名稻　麥爭場六月熟
已上並秔稻
趕陳糯　矮糯晚熟

沙社糯未交社先熟　師姑糯無芒皮黄而光晚熟

秋風糯或名瞞官糯白芒早熟　青稈糯晚熟

金釵糯皮糠黄有芒粒匾　鐵梗糯稈勁無芒怕風信花易落

已上並糯稻

節瀨稻早熟或稱時裏白或稱珠兒稻　六十日次熟或八十日熟

金成早晚二色赤色者土人或蒸而食之　先禾白色晚熟一曰秈米乃早熟之禾誤爲晚耳

已上並先稻

烏口稻再蒔晚熟米之最下者　赤穀稻立秋日看如東南風不撒種

已上名色甚多姑舉其槩耳

穄有二種黄穄蘆穄如麻子粒　粟穀九重

麥大麥　小麥　蕎麥　舜哥小麥

豆 黃豆青豆黑豆紫路豆赤豆菉豆白匾豆可入藥黑匾豆江豆豌豆俗呼爲蠶豆佛手豆如指大名長十六鷹來紅豆粒大且紅八月白露裏豆未當豆熟時先熟山韓豆如蠶豆牛腿

麻 油麻可壓油大麻可作乳酪其皮可緝

帛之屬

布 有苧麻二種皆緝其皮而爲之

黃草布 色黃有極細如紗者

藥之屬

天南星　半夏

地骨皮　天花粉

麥門冬　枸杞子

兎絲子　鷹鳴子

細辛　苽蔞

紫蘇

荆芥

薄荷 二種

馬蘭

天羅

蓖麻 紫荳子青褐色

黑牽牛 花碧色蔓生蘺落間

香附子 叢生道旁一名莎草

羊蹄菜 一名禿菜

車前子 俗呼為蝦蟆衣

菖蒲 生陂澤葉微大

決明子 黄花

天仙藤 八月取

金星鳳翼草 四月取

虎杖 三月取一名苦杖

金剛根 三月取

夏枯草 五月取

鐵脚草 八月取常熟山出

穀精草 八月取常熟山出

果之屬

梅多種

桃多種

李

梨

柚大者如甌盂

蒲萄二種

棗

瓜多種

荸薺

茨菰

櫻桃出虞山南有二種白蠟櫻色如蠟稍大味甘肉厚曰火櫻味略酸絕不逮蠟櫻矣

杏

蓮

安石榴有百葉者

枇杷舊有無核者出頂山上方院今無之

林檎

銀杏

柿多種

菱多種

藕

重臺碧蓮出破山寺沼中

方蔕柹 出處山南蔕正方柹形亦方色如䗶紅味極甘皮有沙者為眞在衆品之上

頂栗 出頂山香味絕勝微風乾之尤軟美又有一種曰麝香囊在寺南院又有鴛鴦栗剖之其肉皆雙

韓梨 出縣河陽山之北十餘里曰韓村皮褐色肉如玉香甘無比削之色經時不變雖腐壞不糜近年亦頗艱得其眞者慶元志以為從木從亘以犯獻陵諱易曰韓村自櫻桃以下皆土產他處所罕有者

蔬之屬

韭　薤

蒜　葱

芥　蕈

甜菜　生菜

波稜　萵苣

香菜　芸薹

同蒿 苦蕒有二種一種尖葉可羹

蕨虞山之北有之 葱

冬瓜 生瓜

黃瓜 瓠

茄又有一種出許浦其大如盞味甘 蔓菁

甘露子 斜蒿可煮鮓羹

胡荽 蘿蔔又有胡蘿蔔

絲瓜 裙帶豆

莧

畜之屬

牛 羊

彘
犬
猫
雞
鵞
鴨有一種名鴟鴨味佳

禽之屬

烏
鵲
鸛
鷹
鳩一種青鳩秋風至
黄鶯
鴉
雉雞
鵪鶉
鴝鵒
鴿
噪天子
白頭翁
婆餅焦

雀　啄木

鈎舟　青菜

鷺絲　百舌

山老鴉　山白頭翁三月爲小白頭翁二月爲隨鷹子

鴉鵲　櫻桃鳥紅嘴白頭黑身

魚虎子翠羽可飾冠梳　繡眼兒

偷倉兒最小飛入倉能食米穀　黃頭兒最小善鬭

竹雞　竹嘈

布穀鳥　葛公聲叫之葛公

刺毛鷹食刺毛又名桑扈　黃雀

豹頭兒　燕子

鷄鷹之類

黄鸝色黄花爪善食

雪姑兒

鴣樢

野鴨

獐鷄

江鷗

海燕

鷥

獸之屬

豺

香狸

兔

刺蝟

獺

鼠狼

獐

鼠

貛有二種猪貛可食狗貛不可食

野猫

鹿

魚之屬

鱖

鯽

鮎

鯩

黃鱨

青魚首有魫古作鯖

鰻鱺

鱧

鱺

虎

鮊

鯉

鱛

鱸

黃顙

鰻

鼈

鱔

鰡魚

針口　肉貯

吹沙浪　爾雅云鯊沙今吹沙魚是也俗亦謂推沙魚張口

吹之

蜆　生于泥中本草蜆殼陳久　蟹

主痢

蚌　鰕

水雞　螃蜞

河鲀

出揚子江中有三種大曰河鲀正月以後有之吹曰

班魚又次曰冬易子皆冬月有之本草云肝有毒食

忌風藥出吳江者曰江南河鲀味迴不及至江鄉則三

月間方有梅聖俞詩云春洲生荻芽春岸飛楊花河鲀

當此時貴不數魚蝦是也　出揚子江與河鲀同時

横鰲

初出高價爭市以饋鄉里　或曰刀鰲以其形似之

出揚子江四五月有之其子又曝為乾俗呼曰蝗

黄尾鰲

蝍子出湖中者曰湖鰲有大小二種

出揚子江清明時有之俗謂吳王斫鱠棄其餘於

鱠殘魚

江中遂化為此魚又有一種曰鱘魚狀如鱠殘味

淡出湖中四時有之又其

鰣魚之出揚子江肥美四月有

甚小者則曰銀魚

鮰魚 初夏有之坡翁所謂粉紅石首雪白河魨是也

黄魚 出揚子江

藻魚 出揚子江有沙用湯浸而食之

車螯 出揚子江

沙筍

赤魚 形如釜鬵俗謂之老鴉魚出江中

蛽

脆鱸 出揚子江亦曰藍鱸皮肉俱脆夏初有之

鱘魚 出揚子江

蛤蜊 出揚子江本草蛤蜊煮之醒酒毒止渴開胃性冷服丹人不可食

白蟹 出揚子江

蝤蟆 出江中

箸魚 如箸之薄出江中

赤眼魚

横魚 細鱗骨多肉厚

橘踰淮而北爲枳地產各有宜也吳中地沃而物夥原隰湖海之所出未易枚數志曾不一載朱樂圃續吳門志雖載物產然包舉全吳匪專吾邑故爲表而

出之云

重修琴川志卷第九

重修琴川志卷第十

敘祠

古者有功德於民則祀之故無淫昏以惑世而誣民今列于祀典者未必皆有功德也而山巔水涯棒揭而奉之者充衆焉乃若梵宇道宫金碧相望而不耕不蠶之民嶓據其間者夥然自得可勝歎哉常熟百里之地祠僅十一棲羽流者二三苹緇徒者五六不爲不多矣而要皆以保國安民爲名則不可得而廢也其建置之由因革之故廢興存亡之異則當各紀歲月以備參攷故作敘祠

廟

城隍廟在縣治西十歩古者諸侯既立社稷又爲五祀曰司

命中霤國門國行公厲是也鄭氏謂國門爲城門今之城
隍也然今州縣所祀如吳之春申及永嘉之周苛天台之
屈坦興國之姚娡亦不一槩焉嘉泰四年因遭回祿是歲
重建
東嶽行祠在縣治西一里五十步虞山南麓依山高聳規模
雄偉歲久摧圮屢經再新然創造之由無碑誌可攷
東平忠靖王祠在其東偏按王淮陰人張有嚴之子唐開元
元年八月十八日生十四年七月二十五日入滅爲神護
國救民封成濟侯宋太祖親征太原川水泛溢上憂之氷
忽合師遂濟空中見神來朝加征應護聖使者熙寧五年
陞濟物侯宰相王荆公令有司勘會靈顯事跡再封忠懿

文定武寧嘉應侯南渡以來神復響荅於淛間而此方由顯著累封東平忠靖王邑人尊事之殿基舊卑隘淳熙九年重建

正順忠祐靈濟聖烈王殿在乾元宫三清殿之西先是淳熙間邑人迎神像塑於乾元宫山門之東偏湫隘淺迫不足以妥靈紹熙癸丑邑人靡金錢建殿宇湖山相映翼神之休祈禱輒應累朝敕封在廣德祠山廟靈跡尤著

東殿聖王廟在縣治東北一里三十步莫詳建立歲月慶元志稱爲子游舊廟然無所攷

白龍祠在縣西北頂山之上世傳梁天監元年有村姥姓蔣氏居山之東因有異感孕而生白龍失所往三日龍歸若

就乳娩怖而死即所居瘞之既而大雷雨冢遷於山腹歲之五月龍率來省或見形山間始至必甚風雨既留則一境爲之寒邑人於此候之唐貞觀十年龍嘗鬭黑龍於海虞山之東邑人因像事龍母子於破山寺西澗旁水旱禱焉咸通十三年令周思輯就爲廟貌以祀之見皮日休記宋太平興國四年令蔣文懌復遷而歸諸頂山寺重建祠宇見蔣文懌及陸詔之記政和二年賜廟號煥靈五年令朱彥求請於朝封宣惠侯遷其祠于山腰龍池之上紹興壬申加封通濟辛巳逆亮犯順御降祝文以禱時李寶奏海道之捷既而獲裨將倪新殷爾二賊昌言於衆曰當戰之時有大龍舟旗幟皆白上植一認旗書海虞山龔皓俄風濤大起厲舟

皆不能自制遂為所勝衆因悟龔乃龍字皓者白色蓋龍助順云淳熙元年加封靈澤紹熙甲寅歲令葉知幾以雨暘響荅聞諸朝加封靈澤宣惠通濟孚應侯嘉定十一年令趙宗意復以禱旱而應請於朝加封爲靈澤宣惠通濟孚應廣利公母爲靈順慈穆顯祐普應夫人且爲亭軒以嚴禱賽之所見趙時侃記自是邑人奉事愈加虔謹云紹熙甲寅春不雨至于夏五月殿院冷公世光聞焉率同縉紳禱神于慧日以繼邑官之後趙五日雨未降冷公夢白衣老人嘆曰諸公日以虔其誠我則夜以虔其身公問老人爲誰荅曰我即龍也水涸甚將於何取之旁有楷潤潤底水一泓老人指曰可取矣公從然寤因作偈曰閔雨而禱非誠莫通龍感至誠盡力其中我獨何人應之以夢顧言施澤風起水湧徐覺隱紙皆鳴甘雨驟至終日不止人情釋然公嘗記其事邑令孫應時下車未幾苦旱亦迎禱于慧日五月九日龍見空中當寺西尚湖之濱其上片雲正黑爪足時露而尾垂屬地可數十丈蜿蜒卷舒色如霜雪疎雨隨灑

既隱復見可數食頃乃没舉邑父老以爲生所未覩後二日大雨告足人謂縣令誠禱所致自是迄今終更有請輒應然令嘗自詣頂山焚香默禱不用常儀云

東嶽行祠在縣北四十里福山至和七年魏邦哲爲之記以爲福山離宮經始於至和之初每歲季春嶽靈誕日旁郡人不遠數百里結社火具舟車齎香信詣祠下致禮敬者吹簫擊鼓揭號華旗相屬於道又載父老之語肇祀之日有畫艪乘潮而至乃嶽神像居民欽祀而加信焉而李薫爲之記則謂創於至和增大於元符福山即古之覆釜唐之金鳳山也二記所載大略可觀廟貌威嚴禍福顯應有胡子文者因醉侮慢善惡判官神怒譴之事見内翰洪景盧夷堅志

吴王夫差廟在縣西二里虞山吴郡志云夫差廟今村落間有之茲其一歟

越王勾踐廟在縣西北七里虞山二廟並熙寧間道士李則正建議者以爲滅吴者勾踐也實爲吴之深讎不應廟祀于此當撤去之

春申君廟在縣西南三十六里練塘市

要離廟在縣西南四十里歸政鄉

徐偃王廟在縣西四十二里永春鄉鄉名未詳舊經以爲偃王失國而亡至膠山而終遂立廟於此按韓愈記徐子章禹既執於吴徐之公族子弟散之徐揚二州今揚州之境多有廟豈亦因其公族子弟所至而然乎

莫耶廟在縣西南二十里莫城

靈惠廟在縣治東南百步本縣土神周太尉之祠神姓周名容生而事母至孝歿而告母曰兒已爲神當輸忠朝廷盡力鄉里宋淳祐初邑人鄉貢進士陳權簿建祠祀之後報慈寺僧耀觀主增置寢室奉神父母像於廟淳祐十二年壬子進士趙必錦等奏神靈跡敕賜廟額牒文尚存

横涇東嶽廟在縣東南一百二十里宋咸淳十年里人國諭張士元建以爲一方祈福之所

寺

慧日禪院在縣治西稍北九十步梁吴興僧慧嚮姓懷氏造大寺三在淮南曰慧照崑山曰慧聚常熟曰慧日今慧聚有碑存焉天監初爲十方禪林老宿相傳謂三錫敕額曰

壽聖曰晏安大中祥符元年初賜今額舊經乃謂本常平
禪院未詳其故常瞰叢林之盛比居其首居闤闠中而有
山林瀟灑之趣紹興十五年一夕煨燼自乾道淳熙歷慶
元嘉泰以至嘉定增葺始備歲入亦增益僧徒常數百人
遂爲一方名刹矣

崇教興福寺在縣治東稍北二百步建炎四年建寺基本沮
洳池僧文用者善風水謂此邑客山高而主位低請立浮
圖以鎮之令李閎之深然其說遂令建墖功未及半而文
用死俗呼爲墖院

壽聖東靈寺在縣治西北一里梁大同中建見鐘樓說唐嗣聖二
年爲中興寺元在吳縣界神龍元年賜今額移於今所宋

熙寧六年重修（見陸徽之莊田記）有子院曰延福教院梁天監中建宋端拱中重建

天寧寺在縣治西北二百五十步梁天監二年建今爲尼寺寺有康僧大師極靈驗相傳云有漁者夢一僧謂之曰我即康僧也可迎我於天寧漁父以告邑中緇徒皆俟於海隅但見一木浮沈于波濤之間不可近惟天寧得之因刻爲僧像奉以香火今不知幾年矣邑人祈求男女多驗

齊樂寺在縣治西二百步梁大同二年建今爲尼寺

報慈教院在縣北五里崇寧二年建内有十六觀堂久廢寶祐二年邑宰趙雲安崇驥重修仍置田給之

破山興福寺去邑九里齊始興五年邑人彬州刺史倪德光

捨宅爲大慈寺至梁大同三年改興福寺飛泉石橋修廊複閣氣象雄古多唐時屋也僧堂三柱各有神書數字相傳唐初雷震故然皆倒書奇怪不可識門外二老松如虬龍屈蟠異甚庭有瓔珞樹尤古左開花右結子池產重萼千葉白蓮芳色異常有唐懿宗賜鐘文云唐咸通九年歲次戊子正月二十一日敕賜破山興福寺鐘一口重一千三百六斤破山之名舊傳貞觀中有老宿在寺說法嘗有白髯老人每旦必先至一日師問爲誰曰某山中白龍也師顧見其形老人曰我見形時當念摩訶經號助我之威師怖誤誦揭諦神呪神以杵擊龍龍衝山而去遂成破澗又略高僧傳云白龍與黑龍交勇衝逆成蹊朱長文志云

貞觀中山中嫗生白龍與一龍鬭於此而成淵則又與白
龍祠事相涉三説未知孰是寺有四高僧祠唐之懷述字
體如吳人常逵字文舉邑人朱梁彥脩邑人宋晤恩邑人
其彥脩者壽九十九歲戒行清苦一夜登閣有虎中箭咆
吼于地師徐爲拔之虎偃伏瞑目舐血而往至曉獵師朱
德者尋蹤至師示以矢鏃朱感悟爲罷獵有碑存焉自唐
以來名人才士留詠百數寺有通幽軒空心亭蓋取常建
詩中語也詩見題詠門朱長文志云有文舉墖體如墖皆
高僧有宗教院雍熙中高僧晤恩修天台教於此今廢文舉
墖常逵字文舉隱此山雖王侯莫得見之體如墖僧懷述字體如也
光明菴興福寺之屬院也熙寧辛亥僧海素經始紹聖間增

建在山腰龍關澗之上最爲勝絶望之縹緲若仙居僧仲殊爲之記陳巖猷起宗亦有宿光明菴詩

顯親資福禪院在虞山之北巔上本名石屋維摩菴中有石井名湧泉淳熙三年曾丞相懷家請爲功德院敕賜今額

頂山廣福院在縣西北十八里虞山北嶺下梁大同十二年石史君回舍宅名頂山院至宋治平四年改賜頂山壽聖院後又改今名景祐間太常博士陸景有頂山十詠曰鳥目山桃花澗翠珉橋羽客臺萬歲石石門菴白雲泉碧荈園龍母池淩雲徑今所存一二耳白龍祠正與寺相對

上方院在頂山寺右小嶺之外夾兩山之間其前積石坡陀杉竹幽翳澗水湍激醒人心神最爲虞山佳處范文正公

嘗有詩遺僧至師刻石在焉院有觀音像嘗有光異劉御史拯爲邑令時記其事邑人尊事之遇水旱必與龍母及龍像偕迎至邑寺禱祈嘗有應院有白龍泉清甘不竭舊有白鰻隱見其間今少見之矣

瑞石菴在頂山之巔上方院之右幽深峭絕竹柏蓊蔚宋明道元年邑民陳氏築菴延僧守常居之治平丙午縣令向公宗旦命僧慧安繼其後尚書祠部員外郎錢藻爲之記侍郎王琪主簿陳珏皆有詩今爲參議虞公似平墳菴有令孫應時詩

中峯菴在頂山之南峯

寶嚴院在縣西十八里虞山之西麓所謂依山面湖秀列屏

障者也梁天監初建舊名延福禪院唐會昌中廢宋端拱
中再行葺治天禧中邑令胡順之飛章上請改賜今額當
錢氏霸國時有希辯禪師棲處此山以名聞及錢氏納土
隨詔詣闕賜號惠明大師歸隱舊刹錢氏復施金五百兩
造七級浮圖淳化中太宗詔賜急就章逍遥詠秘藏詮太
平聖惠方李堪修造記仁宗朝賜銅鑄天齋仁聖帝像爲伽藍
而增葺始完備矣見邑人陸絳記有李堪嚴煥王伯廣等詩有子院曰泗州院
淨慧禪院在縣西南三十六里練塘市舊名仁王見程晁修造記開
寶中鄒知遜知造施地爲之大中祥符元年賜今額見夏
之文記
觀音教院在縣西南五十里楊尖市政和五年建

妙清院在縣東南二十里莫城陳禎明二年建

吳塘接待院在縣南五十里建炎間建

勝法寺在縣東三十六里梅里鎮唐元和中閻將軍舍宅爲之乾元元年置爲離火宅寺晉開運中改爲境寧宋大中祥符元年敕賜今額至和初更爲禪院初閻將軍舍宅爲寺而不著其名今爲寺之伽藍神極靈異士大夫有攜家以居者必有蛇虺見之箱篋牀席之間以是不敢久居寺之東有冢在焉歲時寺僧如家人禮設蒲饌以祭寺之西北隅有洗馬池池之側有小冢瘞其劍甲云有參政李光尚書員外郎陸繹詩又有石林先生所作輪藏記皆刻而龕之廡下

延福禪院在縣西一十三里虞山嶺下梁大同三年置見祥
符圖經

法解寺在縣東七十里許浦鎮舊名泗州擓院隆興元年制
東西秦海州江海制置李寶申請遂移端委鄉中沙村廢
寺額於此法解寺元係唐會昌元年里人陸殊等舍地為寺賜額法解

能仁寺在縣東一百四十里崇寧五年建

萬壽寺在縣東一百四十里甘草市

聖像寺在縣東一百一十里陸河市始吳僕射徐眞舍宅為
寺晉建興二年得泛海二石佛像奏請今額宋嘉祐八年
朱肱重建僧仲殊爲之記

褒親崇惠寺在縣東南七十二里□□係宋靖懿帝姬殯所

政和七年賜額
明因禪院在縣東南七十二里支塘市舊曰永昌乾元中廢
咸通中始復遂爲再昌寺宋祥符元年改今額熙寧六年
遂爲禪院見陳亍記
廣安寺在縣東南一百里直塘市唐乾元初建爲寶林寺宋
祥符元年賜今額紹興六年僧了悟舍房基建墖開鑿地
宫獲塼銘有長安二年瞿像寶墖之字乃知唐武后時嘗
建墖于此墖成因以瞿像名之以表其異乾元初有簡大
師者領二天來游卓菴於此插竹林以布護蘺落忽爾鬱
茂後遂成林
靈寶寺華嚴禪院在縣東南一百二十里塗菘市唐乾元初

建

法輪寺在縣東南一百十里晉咸和六年有雙鼉化爲雙鳳騰飛號曰雙鳳宋大中祥符元年敕賜今額

智林寺在縣東北六十里李墓唐乾元元年建爲永安寺咸通二年改易幢瑲至周顯德中得州符鼎新之詳見元祐二年結界記宋大觀四年爲犯宣祖陵名改爲今額寺舊在堈身父老云所種之鐘近歲不聞而多應於李墓一方之地其鄉人議之曰此地豈有緣邪遂徙其寺於此至今舊寺旁有涇曰寺涇其址巍然尚存參政李公光爲令時嘗游寺有詩寺有高僧曰了通嗜酒不檢衆所不足一日通州狼山寺火其衆見烈焰中一僧以袖撲滅火自稱曰

智林寺了通和尚明日衆詣智林爲謝適了通解力辭無之既而沐浴告逝問寺衆曰我去汝等欲無事耶欲有事耶衆曰願無事遂盡火其寺

壽聖晏安院在縣東北七十里許浦鎮陳禎明三年建本名晏安禪院宋治平四年敕賜今額

大慈寺在縣北四十里福山鎮梁太清元年建武謂天監中爲法水禪院宋大中祥符元年賜今額中遭回禄焚毀殆盡近始鼎新焉傳聞海中有巨木蕩漾其間他寺欲求而不可惟大慈一禱得之遂以爲僧堂巨棟標之曰泛海梁至今尚存

永慶寺在縣西北四十五里河陽鳳凰山梁大同二年置結

界記云梁侍御史陸孝本捨宅爲寺至宋政和四年甲午經五百八十七年始乞奏名大福寺至大中祥符元年九月内改賜今額有碑存焉故老相傳有僧肉身泛海而來狀貌奇古僧徒迎而置之寺固以膠漆奉以香火至今存焉遠近求男女者多驗其碑瘞之鐘樓下上塑鬼神之獰惡者以護之今不可得而見之山絶頂有天然石井一盎泉穴也廣二尺泉清而甘雖大旱不竭鄉人目曰聖井樵牧者戲以土石窒之今所存無幾寺之庭有八檜皆數百年之物交締樛結如翔龍怒虬一夕雷震其西南一枝撇其枝附著它幹既與本體離絶爲二而其青青猶故是謂寺之三絶秘書丞李堪常有詩温郎中革字彥機來游亦

有詩

法輪寺在縣西四十五里志山嶺下紹興九年移于今所

淨居院在縣西北八十七里慶安鎮梁大同二年建為尊勝宋大中祥符元年賜今額見知制誥錢易經藏記

法寧教寺在縣東北三十六里東花莊宋端平三年平江北禪寺住持僧如琺建嘉熙四年僧居簡為之記

泗洲殿在縣東一百一十里下陸河要道中吳赤烏二年僧達法師建累遭兵燹宋嘉泰四年里人崔七朝奉舍宅遷建係聖像寺子院

妙相經堂在縣治東南二百步宋咸淳元年本邑道人李淨修買地刱建

宫觀

致道觀舊名乾元政和間改今名在縣西一里虞山南嶺下梁天監二年建舊志載漢天師十二代孫張裕在此山修道白日仙去而梁昭明太子碑則曰張道裕朱長文吴門志載張裕先生來此山棲遁十餘載夢神人告曰峯下之地面勢閑寂可以卜居裕如敎興葺號曰招眞後改曰乾元梁簡文帝嘗賜玉案一面鐘一口今梁殿尚存規模壯麗材植雄偉紫微殿後尚有煉丹井舊傳治平中主觀道士李則正浚井得石函一中有緑合合藏丹二粒即化爲雙鶴飛去縣令陳照鄰持其函以往而緑合爲則正所藏則正善醫至藥所不療者則以水賫合以飲之疾必愈自

則正死而合不知所往矣其丹或至夜陰晦若有二炬游走湖市倏忽無常紹興初人猶每每見之照隣嘗有詩云煉丹井存瓊甃古驂鸞人去玉堂空觀西北嶺上有凌虛堂旁俯萬尾下瞰平湖先名望湖不知創自何年亦邑大夫尋勝行樂之地今之名蓋取僧仲殊下壓凌虛萬象閑之句也〔宋御筆下刑軍宮觀三十間以上及圖經所記洞天福地未有額者許監司保奏取旨賜額本府保奏此縣乾元宮有屋一百三十間著在圖經宣咊七年敕賜致道觀〕

乾元宮在虞山之巔始名竹林菴後改招真菴在致道觀之北嶺上宋元祐中海陵徐神翁之弟子申先生欲南游請於師師曰逢虞即止無雪即閑申遂渡江至是山徘徊瞻眺久之問於人曰虞山也即築菴居焉然患無水一日大

雪唯山坳不積潑之得美泉至今雖旱不竭菴成一日申公不知所往繼之者累加增葺今堂宇煥麗林木茂鬱遂成壯觀紹興丁卯中道士喻抱元增築改名招眞菴見康擧之記淳熙間邑人以致道舊額乾元宫之名請於郡改今名宫門之外有一亭名極目極雄偉邑令何兗所創面勢寬閑平野一望數十里姑蘇崑山無錫諸山屛列又有兩湖居其左右實爲一邑勝槩之冠初山路犖确躋攀艱險道者胡道堅募緣自敷場西山趾以甎甃砌直達宫門路始夷坦登陟便之遐望如白練界山善風水者顧謂弗宜嘉泰壬戌有邑民挾鬼神事走白集撰趙公豫於是度材鳩工即山腰跨路立亭厭勝之自有碑記載始末

清眞觀在縣治西一百五十步梁普通四年建舊爲女冠之
居今廢
眞武道院在許浦鎮乾道間都統馮湛建嘉定丁丑都統吳
英撤而新之
崇眞道院在許浦鎮紹熙三年都統劉震建未幾江湖浸齧
嘉定十年丁丑都統制吳英卜基於舊址之南重新剏造
嘉定十七年甲申陞爲洞晨觀
至和道院在縣治西二百步宋咸淳辛未天台高士應梅所
剏建
棲眞道院在縣東北七十里許浦鎮宋嘉定五年壬申高士
周智靜建

延眞道院在縣東南一百二十里塗菘市宋嘉定十六年癸未前平江府檢察宗室尊長趙伯建

頤眞館在梅里鎮南申道人煉丹之地有煉丹井與虞山招眞福山潛眞爲三眞云

潛眞館在福山鎮亦申道人煉丹之地

冢墓

吳仲雍墓史記索隱吳地記曰仲雍冢在吳鄉常熟縣西海虞山上與言偃冢並列太平寰宇記曰常熟虞山有仲雍齊女墓東是仲雍西是齊女梁昭明太子招眞治碑云遠望仲雍而高墓蕭瑟傍臨齊女而哀壠蒼茫今碑刻尚存而墓不知孰是

齊女墓吳越春秋云吳太子娶齊女女思齊而病將死曰必葬我於虞山之巔以望齊國闔閭傷之如其言葬虞山之巔

周章墓按郡圖經周章闔閭長子墓在海虞山上

言偃墓

黄香墓在梅里鎮黄香字文彊江夏安陵人性至孝具詳東漢本傳乾道初梅里有蘇忠翊直卜葬得古冢乃黄香墓碑刻皆隸字首兩句八字中二字不可識延陵慈父葬子傳嬴孟光貞□窆夫□吳其碑陰乃會稽東部都尉張紘誄又有薛綜修祠日月題刻其可辯者八字子瓊孫琬位登三事蘇氏挈歸于家夜有光怪异棄崑承湖中

瞿硎先生墓慶元志云在直塘市市有寺曰廣安一日浚塘得古冢墓塼稱瞿硎先生字鵲子廣川人隱居不仕塟于東陵武丘寺重堈之原武丘益廣安舊額今其地尚多瞿姓晉書隱逸傳瞿硎先生者不得姓名亦不知何許人也太和末常居宣城郡界文脊山中山有瞿硎因以爲名焉大司馬桓溫甞往造之既至見先生披鹿裘坐於石室神無忤色溫及僚佐數十人皆莫測之乃命伏滔爲之銘贊竟卒於山中此正猶孫叔敖史失其名得其碑乃知名饒叔敖之名由是以著瞿硎亦近此

蕭天子墓慶元志寶嚴寺之東丁家灣之西故老相傳云蕭天子墓墓上有古木樵牧不敢近不知何帝也按江陰志

蕭天子墓在長信鄉有大土封號倉堆相傳爲蕭天子墓又按梁史梁敬帝爲江陰王殂蕭季卿嗣陳大建二年除侍中淳于氏就季卿買梁陵中樹皆坐死即此觀之亦有自矣或謂蕭天子墓不應在此按唐史蕭存父穎士名播天下王常盧吳等皆執弟子禮號蕭夫子存嘗爲常熟縣主簿其父死或葬于此疑不可知恐是蕭夫子墓訛夫字作天字耳然史謂穎士客死汝南又未知果葬于此否也姑備所聞以俟博識

李墓在縣東北四十五里慶元志云父老相傳吳越錢王遣將梅世忠李開山屯梅里今名開山卒葬於其旁十八里故曰李墓今土人或謂之李王墓其土堅緻如石斸之有聲

陸丞相墓在開元鄉岡下村墓左有涇曰大墓浜昔村民浚涇嘗得朱漆板古刀錢鐵牌未知丞相爲誰也

重修琴川志卷第十

琴川志卷十　十六

重修琴川志卷第十一

敘文

文以紀述詩以賦詠而實事賴以詔後垂遠者畨於此有攷焉常熟為縣自梁碑揭於招眞唐詩題於破山而鴻筆麗藻之士繼踵而作實昉於此殆不可以不録也故作敘文

碑記

常熟縣宰題名記

常熟爲縣其來久矣舊爲昆陵郡南沙至梁改爲常熟自梁歷唐迄于僞吳幾數百年前尹是邑者姓名莫或紀録故不得而考宋太平興國中錢氏以圖籍歸於京師始於縣令蔣文懌至元豐初知縣宣德郎劉拯求得其姓名凡四十二人列之板牓

置於廳壁自此來尹者至則書之觀其間相繼登金門上玉堂羽儀臺閣正位樞極蝉翩翩焉未見其止予因承乏遷版榜不足以久於是命工鐫之于石立于廳之左闕者補之庶爲不朽之傳宜觀名列以勸方來俾尹是邑者知夫儒之效豈悌及民延福百里庶幾乎刊石而無愧也紹興二十一年九月魯國公曾愼記

續題名記

上方駐蹕臨安於時吳門視周畿内漢三輔唐同華我舊京之陳鄭也衣冠之所鱗集甲兵之所雲萃一都之會五方之聚上腴沃壤占籍者衆雖前代與全盛時猶不可同年語府邑之事宜其倍稱況府庫之出納獄市之浩穰蓋不待較而知者環府

之邑五而常熟居其望焉時主客以戶計者八千九百七十有二今五萬一千三十八夏賦金錢爲緡二千八百其幣帛匹合萬二千六百而奇弗詳秋租穀粟七萬六千餘斛乃今折帛爲緡者十萬二千三百而斛財損其舊二千邑之事其倍稱何如哉今其邑從事於民者如是而邑復瀕海道直故疆沂容登萊全齊在望刺利規恢舟師所宿則實居今日之要害風檣運林夜嚴震海資糧鉅萬以日饋給營繕百須以時調度苟有不至責且乏興若民兵之事又如是重以府所倚集版籍輸委風雨寒暑不踰比爲令者材或不濟負罪投劾而去者項背相望也則壁記之不列何以自警朝夕庸少惰乎映不佞爰來亦既年所事定則閒始閱次中興以來爲令者至映之名氏授受月而

日之鑱石壁端以告來者噫令秩比京寺月奉逾二萬廩逾四
斛歲入圭田直過六百石其顧一己之利害去就而不思其責
之塞將不得能禍其身千室之邑亦必有受其弊者而映其敢
簡哉今吾邑之人或知映不敢簡也率以淳厚簡乎交相爲治
倘如是愒日庶乎列名下方其無辱若夫邑之望則有巫咸所
止之山泰伯所塋之墟言偃所居之里龔景林所表之閭其風
俗之美猶可槩見而邑之升置凡附於府者有職方氏在故不
記記其今昔之同異云淳熙元年邑令陳映記龔頤正代撰

縣丞題名記

琴川吳郡之劇邑也民賦之庶户口之蕃非他邑比以累政大
夫數更易而貳令者類不得少休溉再轉而丞茲邑又適多事

之秋攝事幾年所謂松竹佳趣乃變爲鞭笞之地庭槐無存廳宇壞漏俱未暇過而問焉茲幸令尹葉君來此年餘百廢具舉政平事簡僚佐得以少安遂可留心悉與葺理皆成綸緒獨不見有題名記心竊疑焉因埽灑書齋得二斷板於壓埃間拂拭視之乃其記也歲久事泯漫不可覽殊失所以重前賢之意易以琬琰而刊前後賢者之芳字予亦得以託不朽顧不幸與嘉定改元歲在戊辰首夏望日錫山張濊記

主簿題名記

邑令丞而次有簿古職員令也掌凡邑之簿籍勾稽之事糾正縣內之治外此無責職若其簡然豈知户籍有升降產稅有去留悉關筆削一或不謹則猾吏奸民且受病矧琴川縣劇甲於

中吳去臺府纔三舍遠財賦分督牒訴委洪檄命驅馳靡日不殷職亦未為簡也汝郰冒承盜乏汲汲祿過自惟無足以傳後惡有所謂光於前者試求前人之名氏稽其行事以質其窮通而壁記闕然漫不可尋究訪之故老僅得今尚書蕭公而下十有三人焉前乎此者莫知也將立石以記之或乃謂人材短長政事臧否民言士論足可以印惡用是為哉予應之曰公議誠足信然閱歲滋久名且不著實將安□故知今之所訪已若比予恐後之訪今益不如今之訪昔也奚以詔方來僉曰然廼鑱諸石嘉定戊寅十一月初三日雲間趙汝郰記

縣尉題名記

縣有尉居丞薄下然號剩曹而縣令埒歷代選用常艱其人漕

者作聰明苛察操切以擾吾民弱者不勝任縱奸長惡以害吾民其當官以威惠稱職聞者異時以之宰邑剌史司察一道皆可判然迎刃而解常熟爲浙右壯縣地鉅事叢吏猾民姦並江濱海而東界爲盜藪古有二尉分治長老傳聞廢置歲月無攷爰自合并以來舊矣雖仕于此者材名文士往往間見然未聞有卓然超越爲當世聞人者用是奔走廵徼日不暇給率弗遑問其遠者大者此壁記所以不立而前事之師後事之鑑來者泯無觀焉令尉黄君應酉建安奇士也繇始蒞職洎茲垂滿寬而栗威而不猛加惠黔庶芟鉏豪強黠吏束手受制所隸弓兵不寒而慄部内賊發輒捜捕得其主名遠鄉隣境藉其威聲巨奸大盜漸以屏息今茲盜賞踰格將擬京秩行且飛黄騰踔脫

迹泥蟠而強弩之末猶賈餘勇植志夐邈去如始至大曜題名未創無以傳後自我作古勒茲堅珉予見其材諝之華政事之美嘉其替之迫而請之堅也於是手書奉議郎知常熟縣事徐次鐸嘉定元年記

社壇壁記

有民人焉有社稷焉民為貴社稷次之臨民所重莫先於社稷也常熟之為邑亦古子男之國於邑之西所寄以奉社稷之祀皆稍垣敗屋壇壝蕪圮任古之官之初會春祀莫違展俎豆之事以薦比誠念何以報神休而荅陰貺越歲方鳩工而治之其所費不謀於公帑不假之民力亦取其有罪眚而不麗于法者命贖之壯者獻其力富者助其資卒無異詞始於今年之孟秋

報成於冬初其壇壝垣屋爲之一新雖無華麗亦使邑人知社稷之重祭邑官之所存焉紹興甲戌冬十月縣令陶任古記

修社壇記

昔人語爲宰以謂有民人焉有社稷焉先人民後社稷以見二者俱重而其序不可易爲宰者先民後神固有次第而治民事神又自吾身始蓋繇身以及民繇民以及神本末相貫初無二理故身正而民治民治而神立于以修祠壇嚴祀典通其所也淳熙庚子冬陳君映來宰常歎其始至也胥吏眊然案牘紛然民情嚻然邑邑頽弊待我糾剔窮日之力猶恐不逮何暇及他事然而陳君不然區處數月皆有條理民且就蘇陳君曰事無不可爲在人耳次年夏淫雨不止農畝告病以謂開闔之權神

實司之顧祀典之重莫若社稷今其壇壝不葺門宇不全神且
皇顧民將焉福於是輟經費僦工徒督治之不旬日間圯壞者
以固欹折者以整圬墁堙闕者以飾旋旋然一還舊觀人心忻
快以爲不圖復見此以是知鬯薦有所寓祈報有所歸其厚于
神乃所以庇于民也然而陳君蒞身以及民蒞民以及神誠得
設施之本知先後之序者也予嵇聞盛舉嘉陳君之政表裏兼
濟自有次第未易以淺淺窺測用紀其實以詔將來俾得稽考
云是歲秋七月二日朝奉大夫尚書吏部郎中詹儀之記

修社稷壇記

開禧三年春常熟縣令闞雩溪葉侯凱奉辟命來宰是邑始至
有事于社稷侯往與祭顧壇壝之隳圯屋宇之荒蕪慨然語諸

僚曰昔言為宰有民人焉有社稷焉二者俱不可無也今祈報之祀廢而弗舉神將焉依民不受福坐視其廢而弗葺可乎前人不相與相是役者何僚曰侯未知之爾常熟為吳會劇邑前乎綰縣章未幾而去者踵相接也或以財賦不辦去或以獄訟不理去或智及之力不能勝之又以廢事去惴惴逭責猶不能免奚暇他及侯以為不然天下事未嘗無興廢人實為之夫有邑則有民有民則有社豈有宰堂堂之邑先畏其難不為之計乎於是蒞事以勤行己以潔聽訟以公待人以恕利民者興害民者除始若悶悶不快人意侯守之不惑居數月果以政報上下晏安百廢具興社稷之事似可以次第舉而侯猶以為未也先是縣有學歲久繕治不時傾闔欲壓乃命諸執事者諭以民

爲貴社稷次之之意予欲先修學以訓民諸君盍相率以董成焉蠲吉鳩工不戒而具踰月而殿廡增麗丹陽公之舊室湫隘無容膝地又從而廣其居學校爲之一新又明年始議所以修社稷嗟夫社稷之初立其來遠矣記載不存歲月無所尋究修於紹興二十四年之冬十月至淳熙八年又修之以迄于今者三十載而侯又修之凡物之有興替固不偶然獨侯所謂人實爲之信不誣矣侯以儒術飾吏事无通於世務是役也斷斷規模亶雅素定不陋不奢悠久是圖不亟不遲恬安是務舊趾蘖土爲壇旁土皆甃也雪霜風雨之餘易以動拔於是更以石寸竹之椽若將壓焉悉命以木易之垣分中外低者高之墁者飾之靡罅弗補靡隙弗周煥乎偉哉觀者駭目經始於嘉定二年

秋八月告成於冬十月既落囑應酉爲記應酉何人哉弗敢謝不能君子謂是舉也有可書者三方其始至講明農祀不忘本也一宜書及其欲修首及鄉校不先神也二宜書迄于己成費捐公羸不及民也三宜書春秋之法有一善必書一舉而三善備烏得不書於是乎書十月二十五日乙卯迪功郎平江府常熟縣尉巡捉私茶鹽礬兼催綱黄應酉記

社壇記

端平更化之歲山陰王君爚來宰常熟始至召邑之故老而問政焉曰久矣此邦之不獲乎上下也故老則曰前宰孫應時後皆有以自取也君愀然作色曰是吾邑化未始更也乃新學宮飾教令謂子游邑人也别爲宇爲像祀之收言氏諸孫於農圃

而教焉招四方之士若邑之秀子弟而學焉士風以變民聽以聳而以爲猶未也昔太伯之有國於此也禮遜之俗推重天下今渡江百年授田無法制賦無藝民無常產則無常心宜也乃通邑而經界之以倡吾邑而猶以爲未也有田必有役而役莫便於義合公私高下爲之十餘年不止仁聲義氣充塞一同大綱小紀具在方冊比及三年教化興而賦役簡士歌於學民舞於塗今日之事有大於是者乎設壇以祀社稷而風雷雨附焉皆本於朱文公鄂州社稷記俾來以圖請於郡太守曰予至之三日檢視壇壝之不如法者命有司修飾畢具又去淫巫之幻以惑衆者期年之間人用安業歲以大熟餘非不樂此而不爲也祀典之不恭而老佛是徇民義之不務而巫覡是處乎甚不

便於此乃掃地而更新之以暮春庀具季夏乃畢將以八月中率集吏行事俾民與觀焉予其誌之遂雖以不文爲辭然心許之會聖上不以爲不治易郡甬東還家未幾則令以被命升帑轄而進諸朝徵予文益力予惟文公所記一本政和新儀而類禮有書始自通典終於嘉定新禮往往詳於祼獻陟降而略於壇壝面嚮有所謂社東稷西風雨少却皆北嚮者有所謂同壇而共牲者於圖疑未合而未有以證也抑聞之禮曰郊社所以事上帝也又曰社者所以神地之道也意者吾先聖王郊所以祀天人君用之社以祭地諸侯用之惟天子爲能祀郊故得望祭百神若諸侯則止於社稷故勾龍棄以功配風雷雨師以其陰陽晦明及百物者因類而致之上不敢僭於太社王社之制

下不與羣姓立社齒其樽罍有數牲幣有式至於車服之微因其尊卑小大咸有科級報本反始禮之至也而别嫌明微於禮之中又有禮焉誠能精精致感於肸蠁之間則於天乎不僭何憂乎釋老盡心竭力於稼穡之務則於神乎無諂何憂乎巫覡自是以往風俗成而氣習厚有以佗道惑民者尠矣子曰明乎郊社之禮禘嘗之義治國其如示諸掌乎令之爲此庶乎其善治國矣敢特書之以示更化善治之本恤民祀神之務而於祀典禮經因有攷云是歲十月朝散大夫焕章閣待制前知平江府王遂記

重修琴川志卷第十一

重修琴川志卷第十二

學

丹陽公祠堂記

平江府嘗熟縣學丹昜公祠者孔門高第弟子言偃子游之祀也按太史公記孔門諸子多東州之士獨公爲吴人而此縣有巷名子游橋名文學相傳至今圖經又言公之故宅在縣西北而舊井存焉今則雖不復可見而公爲此縣之人葢不誣矣然自孔子之没以至于今千有六百餘年郡縣之學通祀先聖公雖以列得從腏食而其鄉邑乃未有能表其事而出之者慶元三年七月知縣事通直郎會稽孫應時乃始即其學宮講堂之東偏作爲此堂以奉祠事是歲中冬長日之至躬率邑人學士

大夫及其子弟奠爵釋菜以妥其靈而以書來曰願有記也熹惟三代之前帝王之興率在中土以故德行道藝之教其行於近者著而人之觀感服習以入焉者深若夫句吳之墟則在虞夏五服是為要荒之外爰自泰伯采藥荊蠻始得其民而端委以臨之然亦僅沒其身而虞仲之後相傳累世乃能有以自通於上國其俗蓋亦樸鄙而不文矣公生其間乃能獨說周公仲尼之道而北學於中國身通受業遂因文學以得聖人之一體豈不可謂豪傑之士哉今以論語考其話言類皆簡易疏通高暢宏達其曰本之則無者雖若見詘於子夏然要為知有本也則其所為文學固宜有以異乎今世之文學矣既又考其行事則武城之政不小其邑而必以詩書禮樂為先務其視有勇足

民之效蓋有不足爲者至使聖師為之莞爾而笑則其與之之意豈淺淺哉及其取人則又以二事之細而得滅明之賢亦其意氣之感默有以相契者以故近世論者意其爲人必當敏於聞道而不滯於形器豈所謂南方之學得其精華者乃自古而已然也邪矧今全吳通爲畿輔文物之盛絕異曩時孫君於此又能舉千載之闕遺稽古崇德以勵其學者則武城絃歌之意於是乎在故熹喜聞其事而樂為之書至於孔門設科之法與公之言所謂本所爲道及其所以取人者願諸生相與勉焉以進其實使此邑之人百世之下復有如公者出而又有以一洒夫媮懦憚事無廉恥而嗜飲食之譏焉是則孫君之志而亦熹之願也公之追爵自唐開元始封吳侯我朝政和禮書已號丹

陽公而紹興御贊猶有唐封至淳熙間所肦位次又改稱吳公云五年六月甲申朝奉大夫致仕婺源縣開國男食邑三百戶賜紫金魚袋朱熹記

常熟縣重建學宮記

常熟縣學之始圖乘放失僅有屋梁書至和紀年餘無所攷慶元三年縣令孫應時以言游里人也始祠于學新安朱子既爲證其事寶慶元年祠遷於學之左而孔堂闕壞茀不加治今令會稽王爚始至大懼無以崇化善俗約縮浮蠹踰年更而正之屬邑士胡洽胡淳尨其役以孔廟居左廟之南爲大門北爲言游之祠又東北爲本朝周子張子二程子朱文公張宣公之祠以明倫居右東西爲齋廬四以館士爲塾二東以儲書凡祭器

祭服藏焉西以居言氏之裔通爲屋一百有二十楹而爲垣以宫之且增田四百畝有奇歲助公養之費凡言氏之裔官爲衣食而延師以教之别爲田五百畝以給其費白于郡于部使者爲橐以貯之經始于端平之二年之冬竣事於明年之秋迺八月丁亥釋奠于新宫屬郡人葉輔之敘其役以求記于了翁竊惟朱子嘗記子游之祠矣如魯論所載二三事皆發揮無餘藴兹孤陋安敢復措一詞然嘗讀禮書而竊有見焉因記廟學之成併附其説夫檀弓不知何人所作而一篇之書獨於子游極其稱譽雖於孔門諸子率多譏評又以言曾並列其是言而非曾者非一幾若偏於抑揚然即其書以攷之大抵當典禮訛闕無所考訂之時人之有疑弗決者以質諸子游故前後典禮所

闕者十有四皆以游一言爲可否亦足以見其爲時人之耳目雖汰哉叔氏一語若譏之而實尊之然則游以習禮列于文學蓋三代典章之遺賴游以有存焉嗚呼信其爲豪傑之士矣昔柳宗元謂論語所載弟子必以字惟曾子有子不字遂謂是書出於曾門蓋字與子皆得兼稱如門人之於孔子旣而稱子不敢氏退而稱仲尼不言子其次亦有旣子且字如閔子之等不一二人或子或字者又數人然淵若至游夏最號高弟字而不能子也有子曾子子而不得字也說二者而論則字爲尊蓋子雖有師道之稱係於氏者不過男子之美稱耳故孝經字仲尼而子曾子禮運字仲尼而名言偃至於子思字其祖孟子字其師之祖相傳至今人之字仲尼者無敢以爲疑仲尼作春秋二

百四十二年間字而不名者僅十有二人而游夏諸子之門人亦各字其師相承至於漢初猶未敢輕以字許之即是而觀則子游以句吳孤遠之士遂得字而不子以列于高第之目比又豈可易繼者今吳門容通行都而常熟爲壯縣有如游之北學洙泗遂以習禮輩行顏閔寥寥千載間豈終無其人邪或者狃於習俗未有以自振我朱子既嘗表其事以風厲之矛又何言獨惟山川風氣古今猶夫人也誦先聖之書服先賢之訓嗚呼其必有聞風興起以無負建學尊賢之意者士其勉之端平三年十月戊戌資政殿學士通議大夫提擧臨安府洞霄宮臨邛郡開國侯食邑一千五百户實封三百户魏了翁記

敎育言氏子孫記

按琴川圖志言偃字子游舊宅在縣治之西唐開元追爵吳侯
本朝升爲公慶元間令孫應時即學宮建祠于明倫堂東偏後
令遷其祠祀事弗飭有識嗟惋今邑大夫王爚移書諗予曰聖
道綦蕪心甚愧之今且一新矣東廟西學前殿後祠奠薦攸序
既順且嚴嘗訪公裔孫則降在編氓罕修儒業由是即新學西
齋扁曰象賢聚言族子弟其中縣給贍養之資買書延師朝夕
訓導擇齒長者主公祠宇又慮歲月寖遠美意難繼而爲之節
究貲得緡錢六千三百買田以畝計者四百有五十歲收米以
斛計者三百有八十庶貽永久願有記焉予歎息曰是舉也可
謂知禮矣禮天之經地之義人道之所由立而國家所以持爲
元氣也昔者夫子與於蜡賓實有感於魯喟然發歎子游遂問

禮而夫子歷言上古中古與後世之變而斷以禮之興廢子游凡三問而夫子三答皆所以極言禮也異時燕居從容子游子張子貢侍縱言至於禮而子游又發領惡全好之問夫子然之故凡檀弓所載以曾子之任道尚推子游為習禮其裼裘一節則曾子慊然自知其過與他所論禮皆精入毫髮得聖人之傳至於論子夏之門人則謂僅可當灑掃應對進退之末而本之則無然則知本斯可謂知禮此正夫子所以大林放之問而未可以子夏之論小之也且子游吳人也太伯端委以治周禮其源流有自來矣而況講習於洙泗之間巍然在四科之列武城弦歌之風回視斷髮文身鸁以為飾者其氣象果何如故子游之言曰直情徑行者戎狄之道也禮道則不然品節斯須之謂

禮嗚呼一日無禮則淪入于夷狄甚可懼也故始之創祠知禮也後之遷祠廢禮也今王君大修學宮祠先賢而教養其後裔於是乎能復禮而言氏子孫藏修其間者又能夙夜服習則禮之興也其庶矣乎傳曰禮不明則上下昏何以長世然則斯舉也於國祚亦有關焉是不可以無述遂爲之書嘉熙改元四月癸未朝散大夫試中書舍人賜紫金魚袋袁甫記

役

歸政鄉義役記

役之義名美意也古者百里有宰比衆寡治政令實惟下士不爲居之榮人仰之且尊厥後并救廢官爲限田之豐嗇而别貴賤定賦之登降而等貧富量役之久近而均勞佚法猶去古未

遠自豪民狡詐猾吏舞文寄名竄籍並緣為姦一經代更百計規免事力雄者以役近告歲月遠者以產薄辭諜訴紛然互角已勝甚而閨門不相愛宗族不違恤況隣里鄉黨乎且役非不義之民至不樂為如避讎怨吁可歎已雖然其來有繇也里有水火盜賊之變上於正縣有供億科配之煩下於正正一身乃數責力且弗逮其費可知視昔豈不憂乎難哉吾里正久闕人往、坐此將嶺葛君號鄉望族慨然倡為義役甚盛舉也於是載盟凡一十七人得田四百三十有八畝歲計所收三百斛捐產者計其貲受輸者董其事以歲之入贍歲之費使里無闕政家無失業人無競心行之當時而公施之後日而便益一舉而二美具斯義矣夫迺移書於攀為我誌之攀聞而喜曰舍傍有此義事是烏可亡紀竊惟天下之事難於成而易於毀興於暫而隳於久勢使然也矧在令甲助役雖聽民便一有詞焉法即沮格葛君行及瓜茲役成義達于鄉伊經始之力若夫期之悠久可行又在乎同盟相與維持勿替初意葛君名觀字利用云

嘉定三年二月初二日朝奉郎監登聞鼓院張攀記

義役記

孟子曰仁政必自經界始斯言也爲分田制禄言之也後世經界不正利害所關抑有出於井地不均穀禄不平之外者非役法云乎哉古者地有上中下之分而可任也者以是爲差又家毋過一人歲不過三日是故力役公而民不憚司徒之職廢大東之詩作役之病民也久矣蓋自經界紊而兼并興於是乎産

有貧富力有强弱長民者惟知役民之力以奉乎己不知計民之產以均其役富者强者往往幸免而貧且弱者莫或遑息仁政吾不得而見之矣若義役之利力公於衆而不槩於偏事定於豫而不失之驟行之以不忍人之心其庶乎然非接乎經界之後則貧富之不得其平而彊弱之莫究其實雖欲行之不可得已平江為東南會府常熟為平江壯邑物衆地大吏黠賦殷政以是屬山陰王君始至會稽太守右文殿修撰張公嗣古取嘉定經界成例盼諸邑君以未施信于民難之越明年乃始奉命釐其舊而新是圖既巨室無詭寄之欺小民無抑納之患貧富弱彊瞭然在目乃遠稽乾道之詔近述寶慶之旨都為義役奉達尊以倡其始諭比屋而和其衷備聞民之無職事者以服

其役役之大者曰保正以式法受政令而賦于下役之小者曰苗長税長視歲時之宜督租税以奉其上保正則歲一人及除而代苗税長則歲各二人或一人其都之甚大者什之率義田以供役之費建義莊以儲田之入田有砧基莊有規約選屬都之賢者能者曰措置以提其綱曰機察以糾其弊稽凡費之入於邑者幾何而使吏不得縱給凡田之係于板帳者幾何而使官不得逞貴歲之家毋以聲勢免佛老之役毋以香火辭産業所隸毋得以室廬而占護經始于端平丙申之四月竣事于嘉熙丁酉之仲夏合縣之都凡五十田以畝計凡四萬九千五百九十有奇地以畝計凡九百二十有奇歲入米麥以石計凡二萬四千九百九十有奇又贏田八百餘畝歲入米六百餘石積

之慧日寺屬之寫公以補歉歲之不足而猶以爲未也斟酌歆
役之久近權衡物力之低昂斷自丁酉年次第其役之先後十
載上于臺若府又轉而聞于朝敕書尋下以君修復經界義役
職事，修擧特贈秩示旌異仍下臺府及縣永遠遵守且申嚴黠
吏姦民破壞之禁於是君之成規可以永保而惠斯邑者固漸
被於無窮矣君既繇縣最進轄帑事以書訪予漫塘上曰願有
述予自杜門經紀一二義役於先塋所多歷年而始潰于成閱
君所示二編畚事集於期月之間利周於百里之廣然後知予
智之不逮也又張公與予同年繼張公者煥章閣待制王公遂
與予同里皆重所許可而第屬令以君稱首予故喜爲之書抑
予聞之經界之與義役可以相因而行亦易以相因而廢異時

經界不正而縣正之君固懼其難經界之正未幾而義役之事繼舉有不爲一爲而二利以興王君殆知所先後者歟其自于今思義役之成之難而敗之易盡亦反其本矣否則吏奸或售牒訴紛如經界壞而義役隨之是田在官者不可復而役之病民者且如故吾爲此懼於十年乎何居雖然其或繼王君者百世可知也君名埨字伯晦登庚辰進士第今官承議郎提轄行在左藏東西庫云嘉熙二年正月既望朝散郎直顯謨閣主管成都府玉局觀劉宰記

常熟縣端平經界記

淛右多大縣常熟田賦殆與他小郡等紹興經界迄今未百年舊額僅存籍之在官者漫不可考胥吏飫口腹養妻子其間朝

竄暮易蠹弊百出田而不賦者有之賦而無田者有之重以濱江水齧與夫抵罪而沒于它司者日侵月廣故昔之田以畝計者二百三十一萬爲畝七萬二百石爲稅若和買錢九萬四千緡〻督于官者僅三之二而又多取之白納取之斛面取之點合利擅豪貴細户禁抑莫訴下困上迫令率以不善去來者睨不敢前端平初元秋八月王君爚實領是邑問民疾苦皆慨然慼額以賦役不均告會府檄修復經界王君深念之曰籍壞滋久新之實宜矧上有命何敢不力顧予始至民志未孚懼弗從也弗從而强之則殆矣乃搜剔宿蠹蠲弛苛斂孜孜凭按日與父老相唯阿于庭居數月信浹意親民相與語令字我非厲我者王君聞之喜曰可以就茲役矣於是攷舊額遝衆役按紹興

成法參以朱文公漳州所著條目隨土俗損益之鋟式以徇禮鄉都之受役者詳爲開說俾之通曉無疑然後出令爲期衆皆歡然率田若地標氏名畝步于塍間驗其實者因而書之否則量而會之準紹興成數一無求贏者闢地爲田以田爲地者書實業昔之逋賦匿契與詭挾之弊釋勿問而申禁其不悛者常平田安邊田學田圭田與沒官之田別爲籍文書之費悉從官給士民之赴期會以僕隸者聽鄉井間吏一跡不到也由是官民　家小大競勸如順子弟之與父兄不待督而從縣五十都都十保其履畝而書也保次其號爲覈田簿號模其形爲魚鱗圖而又粹官民產業于保爲類姓簿類都保鄉于縣爲物力簿經始于端平二年之夏訖事于是年之冬圖籍既定則又均其

析邑之偏重者蠲其征繇之加斂者裁定其田與賦高下之不稱者通一縣之田計二百四十萬畝有奇除二十萬爲官田賦入隷諸司餘民田得苗六萬六千二百石有奇稅析錢九萬三千二百緡有奇戴諸戶版坦然明白民以實產受常賦爲砧基薄印于縣而藏之家有出入則執諸有司書之强無奪免弱無重困雖悍發幼孤皆知其自有之業與當輸之賦污吏猾胥不得加尺寸升合以擾之其視前之紛錯厖亂若改邑而築殊之也於是常熟始以佳地稱於浙右他大郡莫儷焉向之睨不敢前者將競趨之惟恐後矣王君以書來求誌曰爚不韙冒領巖邑而又舉此重繇之務幸邑人不我貳相與叶力以躋于成授代有期皆邑人之賜也扶植之俾勿壞爲邑人他日賜於無窮

者不賴後之人猶之水也澄而清之雖難撓而濁之易耳吾懼
其非永于清將復爲民病也願子與我誌之以告來者予曩嘗
督斯役于烏傷矣敢量步會閱三歲而後成旁視他邑猶有窘
步其後者今君成百年之曠于數月之間上下恬然相安若未
嘗有所興作者予固不足以語其能也鄭子産非能者耶其始
執政也民怨其伍我田疇謗讟並興遲以三年而復頌歌之君
乃斂迹若是方且切切焉引慝却顧爲經久之圖以利斯邑然
則君其可謂能而仁矣予何敢不爲邑人誌之繼自今令之來
斯邑也按斯籍也披斯圖也毋玩其成而易之也毋恥于隨而
替之也毋付之吏手而蠹毁決壞之也則官無虧賦民無横輸
上佚下逸俾常熟永爲湖右佳地而焜耀言游舊里于千載之

下顧不休哉君少登儒科有志當世施於邑政寬猛有則不震不悚載籍頓清廼創義役以息訟修廟學以明教一邑之内百廢具舉耳目煥新蠹疾病既去精神必復衣冠儼然可整也然我邑賦役之不均者十邑而九令有意于民求君之所以易于成者倣行之則是役不患其難百姓庶乎有瘳矣然則予之誌也豈徒爲常熟邑人而已哉嘉熙二年秋八月朝奉郎右文殿修撰新知寧國府杜範記

宣風樓記

樓以宣風名紀政也易於巽其象爲風其位爲東南其時爲長養萬物有虞氏得之以阜民財于是有薰兮之歌尹吉甫得之以美大臣于是有穆如之誦罷無輕重功無小大使言偃絃歌

之化當太平有道之國雍雍乎和可知矣常熟古南沙也今爲姑蘇望邑土博賦衍民繇事劇綰銅章者每難其人紹興之二十年政五六易規渠準繩莫一所守冬十有二月乙卯令曾大夫以王命來智足以知勇足以行御史如西門之治鄴愛民如子產之治鄭指顧之間政以善聞邑人宜之凡廢未舉蘄一新焉先是直縣治之坤隅民居有架崇度于上其左叠闕如也相其陰陽厥有低昂非有對治之勢爲未寧士庶雅有創樓議矣丞足以請大夫曰止止吾至未幾遑急爾和衆曰我食我力我木我石無費于公以慰我私大夫奚以辭爲乃命下迎乃經乃理乃徹其庫乃坑其址巧者環斧壯者攢杵無煩戒約其來不可禦也叠度材於二十一年之夏四月至五月己巳工以畢告

近遠少長奔走瞻望惟時歊暑泠泠之風自橋而下咸用忻快迺有謡〃然被黄髮者歌而過曰風之仁兮物之春兮風之德兮物之殖兮誰其布宣大夫賢兮繄大夫賢繄堯天兮衆鼓舞和〃因摭其辭以名斯樓且告鄉人王伯廣請文于石以俟他日甘棠之思者大夫名搆字叔重清源人丞相宣靖魯國公曾孫其爲政益有家法云

大唐蘇州新開常熟塘碑銘并序

吴之藪曰具區郡之大惟蘇州商爲貨居農實邦本錫貢多品厥田上中土宜在民地利乎水常熟塘按圖經云南北之路自城而還百有餘里旁引湖水下通江潮支連脈分近委遐輸左右惟强家大族疇接壤制動涉千頃年登萬箱豈伊沿泝之功

實由灌溉之利故縣取常熟歲無眚焉洎貞元以來時屬大旱
緜是墳淤薦爲塗泥而論胥怨咨殖物痛矣郡守隴西李素字
人原始覩斃則曰在穿導之遂聞於本道廉使吏部尚書韓公
公秉文惟謹施德惠人發令爲適觀風恱隨人無間言言我得
從政攝令吳縣主簿李仲方稟其成規請事疏鑿於是參升邑
之役則經費其力而長洲當三之一焉縣宰李暵復善供命乃
計工量日候隙庀徒爲利涉之宜蔽反壞之害詢畜洩之勢增
遠亡之防人不告勞事爲永逸先期而望表繩直不日而終朝
子來塘開地中工畢泉出山澤作氣江湖發源積爲長流實自
新渠舟檝鱗集農商景從春秋有施水旱斯備嗟乎塘之堙鬱
也久矣何壅之無慮而啟之有時非體仁弘多應用高朗曷以

越前所未暇遠今而行其志哉則史之決渠書之滌源以流其
惡潤被稻田況山川襟帶之廣林鹽饒沃之資規同九州殷列
七縣其提封底績固良二千石之能惟李公敏於直方精在損
益宜信安未半歲而吳郡餘一年焉政猶風行惠與時至文學
備全清慎寡欲通貨豐財五行因之順下致理之實不其偉歟
去歲朱方搆患而郡邑連陷公敺白徒以捍狂寇挺拔凶黨修
復城池皇帝聞而嘉之御金章與紫綬給誥垂美必將大闡王
度紹休朝廷豈惟與民分憂是塘之爲政也彼人士以允文在
公之守備詳其事請刻于石庶詞之可復銘曰瞻彼塘矣昔之
所闢物利乘舟土膏其澤歲有堙塞時罔疏滌誰爲澄流變爲
廣瀉降是良牧猗歟隴西援日爰鑿經旬洞開湖水南迤江源

北來旁分溝洫潛畜風雷政可施利役無勞止力均二邑功逾百里舟檝攸往田疇所視義實通方智侔經始濬自高岸豈云隨山人歡在路魚樂于泉伊此化遠知天事宜立石川上維無窮焉元和四年二月十八日將仕郎前左威衛録事參軍劉允文撰

常熟重開支川記

天地間物之利于人者水為大濬畎距川治遂達澮等級繩繩聖人為利民計其詳如此後代因之河渠有書溝洫有志咸以利舟檝沃膏腴有不可一日廢者瀕居東南臨水踰于地引以為田厥土衍沃姑蘇產甲兩浙枝邑常熟復甲姑蘇即名可知已有湖昆承江浦發源也分為支川横貫于中挾以東鶩周逕

團塘白茆浦李王涇咸匯爲南渡前居毗占冒脈絡弗宣乾弗
克潴溢弗克洩爲畝畮大棘百數十年間鄉耆豪右咸思闢治
竟怵異議淳祐癸卯陶唐侯升班過里惆然歎曰是川與諸涇
交會爲湖海喉衿田里命脈湮閼殆絶乃爾詎可因循顧忌憚
奏疏鑿俾穡夫束手無計予爰咨于衆髦倪貴賤聞言曲踴謂
非侯不可於是揆延袤眡窊隆準事物經始于甲辰中春之七
日弗抑弗彊群農坌至因地順勢塹高隄下一指顧頃荷鍤雲
如鼓袂風動侯表衆勞來飲饁賻嘉咸勇于力甫一月竣事長
四千尋廣一丈深倍廣之數凡用工六千縻泉粟若干侯以爲
已任而營綜之曩据川之址斲弗退聽者侯一不校割已產迂
道代之繇是釃引泉流灌輸千頃堰岸雄固遠邇混融遂爲海

邦永、利自非侯材幹公敏襟宇恢拓疇克有成知此川西北
有鳳凰涇者侯之高祖名節朝請府君故廬也二子曰擴曰振
聯芳科躋膴仕蟬嫣弗絶淳熙間其孫天台史君之嫌以祖母
言宜人丌壠在焉念河道壅淤鋭于疏導不果逮公凡三世始
克成其志先是學竺乾氏者將浚長涇有老人力止曰時法未
可三十年後自有地位中人來辦君子謂茲舉嗣先志裕後基
淳衆願三者備矣是役也樂於佽助者三蘭若明因褒親永福
是皆可書以詔于後庶千載間弗至陵塞侯名棨字任道府君
五代孫也今爲通直郎舒城邑大夫淳祐己酉孟春滄洲程公
許記

常熟新建順民倉記

治平二年河內向侯作新倉成嘗語予其始終曰吾至之初見太守潁川陳侯席未煖陳侯曰常熟大縣也攷其民版之數至四萬戶歲輸之粟至八萬石有倉汙庳迫窄纔容四分之一濱江之民遠者百里水浮陸走綑載而至倉或既盈則累數夕而不能輸輸于州又病其遠此一不便職是歲常散蓄于浮屠之居廊廡皆滿蓋藏不謹塗塈弗完得無有以誨盜哉此二不便蓋遲君之來也久矣君其圖之吾退而自惟倉廩蓋今天下郡縣之先務京師兵儲祿廩之出入一皆仰給于東南蘇又爲東南之劇歲入之粟他郡莫加厚焉吾邑雖不腆其敢後其所先務邪矧其獘又如此宜陳侯有以告吾也及吾視事之日見吏民問其故尤爲不便者凡幾然而獻計者又不出陳侯之議也

於是訪縣之北得隙地數十畝以營築焉始召民而諭其所以作之之意民既病此而已久莫不奔走以聽命咸願治材于家請期日合而成之既而至期倉遂以成予謂二侯皆能以材名于世所至莫不著見風迹至興利去害便民皆其所素蓄沛然而有餘夫以沛然有餘之材相與叶謀治其因民願欲之役故其成也宜不勞而功多其榜曰順民蓋得之矣若夫世之從政者洵喜較然居前畏謗忌譏認認然不肯一日出其力則又誘曰愛民斯不遠哉夫愛民莫如古人古之人有為豈天作地生斯亦出于民而已耳姑視利害如之何豈顧可為而不為邇曰愛民哉此大不然昔者子產嘗以乘輿濟人溱洧孟子謂之惠而不知為政凡以此也而侯亦以予言為然因刻之于石俾來

者有故云時熙寧元年三月十一日將仕郎前守沂州臨沂令郎淑記

顧逕左軍記

姑蘇之東枕江而戍者曰許浦許浦之東百有餘里港與浦應而陵阨逾之者曰顧逕寶慶元年十一月陞顧逕為許浦左軍從都統吳公英之請也國家駐驛吳會與六朝都壤不同其備禦亦異隨勢緩急非豪傑稔于世故者不足以知之議者但曰守江主於許浦則無復遺策也不知藩墻門屏迭護堂奥愈切愈密故由秣陵而視則淮為急而大江次之由錢塘而觀則江為急而長淮次之列江會于海而海道所通者其經涉最廣今日之事備江所以備海也詎宜略哉公之言曰顧逕與黄魚垜

相望轉料甬越沙客迤邐抵山東海界此實咽喉之地今但差
兵探望動息而已卒有警急何以制之遂上建屯之策請條陳
利害指述便宜皆灼然實意夫許浦置樓船之師自節使馮公
湛移部定海距今七十年矣而顧迓止爲斥候之地聚兵底艎
留甲士五百則淳熙間陳緒掄王駱所肇建也其後增五百人
以正將涖之又增千人以統領轄之雖續有建明然卒罕歲而
更發亦忽去僑處而戍散居露止卒非服習器非便利雖得地
形而人無固志甚失漢人兵體三章之要公請始募諳海道之
人視舊戍倍增其數使二千人爲正五百人爲奇正者皆閩淛
猛毅舟用巨艦蔽日屯雲屹若喬嶽縱有衝突蟠踞不動奇者
皆廣東驍銳舟用多槳厲波翅濤疾若飄風平視渺茫出沒疑

神叉翼之以引強蹶張之技濟之以火攻水戰之具朝訓夕練
嚴若對壘而器與人既精矣創新寨二千屋裨校有廨毬射有
塲易更戍以就屯人得安處稍道艄之勞忘室家之念而人與
地娭相得焉是宜朝旨賜俞璽實加奬而卒底厥績也初公為
蘄黃之役帥舟師西邁虜聞風宵遁餘黨勦平統制張裕亦與
有勞至是舉裕為左軍統制委以經理未幾擢改中軍士志悅
附戎政修整兩屯相望精卒逾萬熊踞虎視雄于江滸焉予嘗
竊觀國史謂長江之險雖敵我共之而一善用其險者勢固在
我而不在敵也方逆亮渝盟襲劉豫故計大治戰艘欲睥睨海
澨高廟赫然震怒召李寶授以北討之略由許浦進發卒奏膠
西之捷然則備禦之與進取固非二途也今許浦既宿重兵而

得顧逕爲之犄角以公之忠亮沈鷙奮其威略直擣犬羊之穴迅掃鯨鯢之根奇勳偉績將有出于竹帛所不能載者昔郗超知謝玄於履屐之材各得其任因料淮淝之功必成予蹈薄領定海公適主定海軍見其度策揆謀動中機要予固心服之矣今將更以置軍本末來諗予方期公異日而欲自附於知言者故樂爲之書紹定三年七月既望奉議郎新通判信州兼管内勸農營田事戴栩記

重修琴川志卷第十二

重修琴川志卷第十三

道

虞山招真治碑

梁昭明太子製

夫東瀛淥水三變成田西嶽靈桃千年未子尚以星起牽牛部首辰遞律生甲子氣數杳冥況復上游玉清損之又損高排金闕玄之又玄豈言象之能詮非時節之所辯海虞縣者則虞農都尉太康置其寧境有虞山越絕書云巫咸之所出也高巖鬱起帶青雲而作峯瀑水懸流雜天河而俱會吳門採藥之地楚望槐椒之歌湯反流沙之魂錦飾汾陰之鼎無以諭焉其峯則有石城石門崖峗自然不度句吳之馬神功挺起豈似崗陵之畫魏后氷城夜陣權息長安慈石浴鐵暫流較跡比期優劣斯

琴川志卷十三　一

遠道士沛郡張君諱道裕字弘真即漢朝天師陵十二代孫天
監二年來至此岫逾十有餘載夜忽夢見聖祖云峯下之地面
勢開寂宜立館宇可以卜居裕師潘洪隱始寧四明山無何有
人耳長髮短云從虞山招真治來言訖忽然不見潘馳信報君
君因辭山舊居而以夢中所指峯下之地即以爲治故號招真
高臺迴立有類玉臺之山長廊宛轉還如步廊之岫柱削芳桂
豈從開陽木飛材遥海檀無勞豫章神拔黃庭司命之府有類
玲瓏朱陵赤后之觀同符弘敞遠望仲雍而高墳蕭瑟旁臨齊
女則哀壠蒼茫鱗尋千仞之木氣叶星晷華飛五香之草形圖
宮室帷葉綬花卷舒溪逕陽桃侯棗榮落巖崖樹息金烏簷依
銀鳥風將九子應吹能歌鶴生七歲逐節成舞旭日晨臨同迎

若華之色夕陽斜影俱承拂鏡之暉玉礎微潤應山雲於高牖鳴籟徐響引和風於空谷方當專氣致柔入無爲之境周行不殆窮混成之致茅子莫歸輟響無已魏姬宴罷留駕不歸何止特節變淮南之金傳符蒔北鍾之稻明月皎龍之騎驅之使鬭以劍七子之鏡引以成刀散季齊之羽起雄鳴之霧而已哉乃爲銘曰玉龜二始金書八會道浹地心功浮天外敌常可小惟真能大德起同塵善生塞兌物實自然人符交泰掩映綠蘿穹崇紫蓋仙治之美此焉爲最雄柱千步陽臺百丈水均下屬山逾高掌野寂雲興琴谿山響斗虹夕西豐雷朝上元陽作石竹龍成杖書藏玉匣藥蘊銀筒燒鉛雜鯉折桂和葱羽衣可服雲駢易通斧柯雖朽碑石無窮

乾元宮新建紫微殿記

粤夫璿霄肇覆神明於是位焉生齒賦形禍福由茲職矣雖無方而可驗豁爾杳冥暨有感以咸伸幾乎影響所以吉凶可見陰隲下民俾列像以惟嚴庶舒衷而有自必也敞之珍館儼彼粹儀貴覩相以善萌必應期而福介者也常熟縣乾元宮者即梁天監二年之所建也誌石詳焉星霜遷谿基址髣髴頽墉腐涌鼠鑊蠹耕春草秋蓬蟲營蛇據唯三清前殿巋然僅存丁遼東之始歸尚嗟如故秦武陵之再訪堪嘆無覩宮之執事者目華圯壞若炙于心歎檀信之門若有不移之諾顧寂寥之跡彌堅如在之恭徒懷必葺之勤豈逮布新之力有日即今縣尹司田外郎胡公晏因得鳴絃之暇來訪祈靈之場憩鰷越以釋煩

陟層臺而瞰迴叢峯爭拔碧藏日暮之雲暗溜枝分雅雜風中之弄俯視熬波之海旁窺曳練之門清音一來俗態俱去而乃環顧隨址爰發善因謂其道衆曰前之尊殿雖繪塑靡完而瞻仰不怠宮之所闕者惟北極殿焉今則欲議隆興須求幹集乃得耿宮崇虛大師李維簡令以常住田園歲之入者推其所羨聚而營之所以上贊瑤圖下福氓隸者也於是材精楩柟匠求鄢郢界基砥直面勢冀張暨涓吉以工梁忽中程而授夢繹衣峩弁依稀對仙介之容辨色遲明燁燁獲靈芝之瑞雖成遂宇尚闕靈儀忽本邑南沙有編戶張及者夙植善緣早承儒訓謂月覩之寶相既久藏家仰雲屋之重桴猶虛正座願心彌確喜捨不回然勝事之欲彰抑冥契之所會是以具威儀而交錯祇

鄉墅以前迎屬以盾日蟬威冀風瘁物芳疇雨絕徒勞御史之巡軒積泒塵生更擁惢神之渡巘衆心猶豫以方切一夕滂沱而不期玉女電鮮方對東皇之笑阿香雷響豈必南山之聲翌日涸澤皆涵方舟倏濟暨迎奉既旋于震邑而宵晨連霈於畢霖平瑞有期食夭無瘢得不謂群誠仰屬而冥貺昭格者也故使邑人目一勝事遞口成響家率户辦猶恐居後及縣尹司田自塑本命星官一尊遠殿主潘惟信勸化衆户各塑星神侍從一尊以實其殿也衣冠濟濟金碧煌煌真從翼分宛同於星拱檀龕寶錯若狀於帝車復有本邑歸政鄉陸杲捨錢五萬爲砌階之資刻玉鏤瓊鄙陶侃之運甓峻基宏址得給孤之布金且觀夫使人爲善司田之始謀也絜己集事殿主之化緣也令也

民易化緣易成政在其中矣豈不由善數所被而道心自然邪忽日殿主自常熟來薤城訪予閒居語其建殿之始末懇以鄙文見須既不獲遜乃直書其事以誌歲時爾皇宋天聖四年五月二十一日朝奉郎檢校尚書考功員外郎充潁州團練副使上柱國馬莊記

乾元宮興造記

姑蘇之北有大邑焉曰常熟山長而水遠泉甘而土肥民富物庶人樂其業予嘗縱游觀覽勝地遂登虞山之巔臨尚湖之濱得乾岡之勢重山複嶺松竹交映隆然祠宇金碧相照躊躇四顧恍若洞府適有人焉黄冠而羽衣紅顔而鶴髮杖藜倚梧謂予曰昔漢之天師張君道陵之孫凡十有二代曰道裕修真之

地也錬丹于此精功飛昇靈跡宛然至梁天監中始建是宮遂號乾元歲月綿遠棟宇欹側榛蕪湮沒荒廢寖久吾嘉禾人也生七歲出家學道于崇福宮年十二試經業預選為道士後三年習醫術將以救人之疾苦二十有五乃游名山尋勝境慶曆中過姑蘇至邑下慨然有卜居之志至和之初都官員外郎桑君澥出守是邑因命住持然宮之廊廡皆圮獨三清殿僅存梁棟角危不可支持吾方以醫術濟衆人皆以金帛施之裒其贏設之羨餘田園之所積增修大殿及遊巡二十有四間軒廡十有六楹嘉祐郡人試將作監主簿曹君仲言施錢二百萬塑三清聖像及真人十有五軀吾復建北極殿于北列道院于東治平元年起三門及東西廡各五間二年造三門之東軒凡三間

三年造三門之西軒凡三間次第創立艱難僅成豈一日之力哉自是宮宇復全壯麗輪奐邑人得以歲時祈福焉吾嘗于熙寧間建崇道宮于秀州修太和宮於蘇州興造常熟僧尼寺三所大橋四所立夫差廟于縣之西立勾踐廟于縣之北至於一邑之橋梁街道以便人之往來者莫不興修焉時或施與以濟貧民蓋不可盡記吾今老矣得以優游山林以盡其天年何其幸耶予壯其言乃知興造之本末因問其姓氏曰姓李氏名則正蒙恩賜紫衣今年八十三歲矣是宮也李君之功為多自非有志于道經營紉制不憚其勞安能若是哉因以書之告諸後人崇寧五年歲次丙戌正月望日吳郡沈坰記

乾元宮平山亭記

公豫嘗聞怪力亂神先聖所不語然天下之事涉於幽怪恍惚之間若不可信苟利於人者又惡得不信而録之歲在壬戌公豫假守當塗秋八月閲訟牒次有吉明起不書一字若今所謂投白紙就而詰之乃琴川北門劉莊僃奔走之隸附口以書其大略今年四月七日因賭博輸敗羞見妻子遂往虞山乾元宮後自經于叢木繩斷墜地昏迷之際若覩神人衣朱衣美鬚髯北冶宮路衝縣治將不利于寓公汝可往太平州白郡守趙大卿於山路中間築壘鄉亭仍書官銜以鎮之明起既甦甚惑焉且素不識大　顔面其何敢前至七月因家人染疾復覩神人責問曰汝何爲不行明起遽應曰諾妻子親戚皆不知之容訪道里遠近稱貸裹糧遂至庭下可否唯命公豫竊謂神者人之

依也安敢少有慢心且常熟士夫林藪俱不以告而不遠千里獨以見囑者是豈無意歟詳觀吉生一愚夫爾似非有覬覦乃厚遺而歸仍諭幹者度材鳩工涓日建造深惟山路塡疊基址費力適諸姪在家爲董其事吉生亦絶跡不至閱三月畢所費約万緡公豫次年冬丐祠得歸甲子之春嘗一登陟規橅適中左右顧瞻心目開豁攜杖山間者亦得以少憩意其必可悠久已囑宮中時加檢梏損即隨葺知宮王沖一又植松萬餘株前後掩映共爲不朽然向之所見朱衣而多髯者竟不知其爲何神也姑爲書其本末云開禧元年歲次乙丑四月吉日中大夫充集英殿修撰提舉建寧府武夷山沖佑觀祥符縣開國男食邑三百户賜紫金魚袋趙公豫記

招真菴記

自姑蘇出齊門沿西北望山形如巨鰲横亘原野爲常熟縣之海虞山也山之東瞰萬户治劉邑邑去江不及程陂湖畎澮之積自南至者傾駛會于江江河既應則迅瀾倒流逆于市橋之下二水相制移時而不能去山無奇谷惟荒墟白草醜石散亂坡陀迤邐而西有修林横抹隱見于兩峯之間其中爲招真菴元治中道人姓申氏泰陵徐處士高弟也基營于此嘗語人曰吾求爲後人計菴成亟去不知所終松竹森茂庭宇簡寂如隱君子之居通州道士喻抱元增治之而介將有守勵其徒嚴闡其業供施不求而至菴去平地無五百弓而步虚鐘磬之音時從雲霄間來凡聞之者知其爲練形學仙之徒旦勤而暮勉也

舊名竹林抱元更以招真其有意乎抱元請記于僕乃歌招真之辭以系之庶幾異時屨滿戶外僕亦有緣其間也其辭曰白鶴巢兮丹井空蓬山杳兮煙霧濛陵谷變兮今古木葉下兮秋風飛仙去兮朝太微黃冠野服兮以遨以嬉餐霞卧月兮世不我遺與世滌殃兮天門可馳蒼龍嘷兮雲漫扉石泉冽兮山芋肥俯仰宇宙兮日月蔽虧靈秀回薄兮野芳呈姿山中之樂兮萬化莫移仙人不來兮隱者曷歸紹興丁卯歲仲春前二日中嶽康舉之記

釋

寶嚴院新建佛殿記

近代儒家流以韓退之擠釋老賢與不賢皆欲隨而去之未熟

思之甚矣夫受天命者莫大于君中國其間哲后辟王治亂興亡之運接迹而不可勝數至于治而興者則諸儒必曰非人事也天之曆數輔治世而興者也亂而亡者則諸儒亦曰非人事也天之曆數厭亂德而亡者也夫如是則治亂興亡之運莫不推之於天韓退之有唐之鉅儒也以堯舜禹湯文武周孔之道不行于當世而釋氏之教獨盛于中國故力排而擠之若原道論佛骨表皆著辭深切痛疾時君奉之太過者也其所以然者誠欲抑之捄其寖盛未始不爲釋氏福殆弗納而黜之彼得益其惑遂有會昌之禍豈非道隆則污物盛則衰之致歟天意若曰蠹中國害生民則使大中履會昌之迹如韓文公之比者佐而輔之固當拔本塞源矣豈會昌廢之未數年而大中復之易

如走九疾如反掌得非天之來厭其教哉噫大道喪而有仁義仁義衰而尚權詐故堯舜禹湯文武周孔之道塞于時雜于霸金仙氏之說其有不興乎由是源於漢流於魏波於晉宋齊梁間與吾儒老子之教鼎峙于中國若夫本空寂破迷妄以出生入死之說爲興善滅惡之鑒蚩蚩之氓從而遠罪則如來眞意深于救世者也而時君奉之或多立寺宇以徼福或廣度僧尼以崇教上焉者倚之下焉者化之如之何不爲後世弊蠹崇之者反于其道耳文中子曰齋戒修而梁國亡非釋迦之罪此誠得之我國家四聖御寓燭知化源寺觀沿舊而存率禁其剏置僧道限年而入必試以行能故天下名山勝槩或有所推異者非道存乎人孰能與於此哉姑蘇北走有邑曰常熟邑之西偏

有佛宇曰寶嚴殿即梁天監中所建也倚山面湖繡若屏障嘗
有希辯禪師者心悟大乘是爲棲處錢氏霸國時以名聞召歸
餘杭普門寺目爲慧智禪師及錢氏獻土隨召請見賜紫方袍
號曰慧明大師繼時厭居京國歸隱舊刹錢氏以師人境俱勝
復施金五百兩建七級浮圖一所淳化中太宗皇帝召賜急就
章道遥詠秘藏詮太平聖惠方凡一百四十三卷獎高風旌善
池也院舊名延福天禧中邑尹胡公順之飛章上請帝可其奏
改賜今額焉院有佛殿者積其歲月了無尺椽明道中武陵龔
顯始發信心崇修妙果次有東京禪慧院僧清鑒浮杯至止嘗
行自修謀兹勝緣有若符合復有邑人諸葛皚李仁壽樊福僉
悅所聞贊成其事且曰仁祠之興爲我福地今紺宇不立粹容

無觀則吾儕何所起信哉由是捐厚施貿良材庀徒傭工審曲面勢即其舊址隆以新創經始于景祐之丙子落成于慶曆之乙酉凡數年而能事畢矣觀其壯而不華嚴而不陋巍乎中者其宇一所以納高廣之座而宅乎毫相也翼乎旁者其舍二所以容儀衛之位而列乎寶供也遠而望之若太微之凝帝宇聳在雲端迫而察之猶列漢之立仙宮來從方外其爲功德殊勝可思議哉武陵公帑無多藏屋無餘潤獨以興葺補廢皇皇於佛事人所難能矣若夫辯師興之前鑒公繼之後事有冥契豈誣也哉絳里人也因熟于茲山之游目擊諸公之善以文見託得以直書時聖宋慶曆六年歲在閹茂王正月一日將仕郎守眞州楊子縣令陸絳記

勝法禪寺新十方記

天以一氣生萬物故散而為四時儒以一道成萬民故散而爲五教釋氏以一法道萬行故散而爲禪律要其歸去邪以從正避惡而趨善此其大略也若夫道根乎心理源乎性則在此不在彼吾知其禪邪律邪是亦名焉而已矣勝法寺唐元和中閭將軍捐已宅而爲之處邑境之隅直闤闠之北山岡環然林木清幽凡居人信施之歸目之福地先是其徒星居謂之律寺至和初有寺僧以捻惡刃人於其間敗焉致之于理邑宰中都桑公病其徒習以爲常始議十方之名請更于郡郡守大卿呂公然其爲即符于邑從民欲也會今長老深公脫屣潤之甘露樓止于蘇二公協心命以交疏一之日重門洞然二之日群居歸

然法堂中嚴繚垣外圍雲集方來之侶日熏香積之供里人聚而瞻之曰昔狹穴而今道場昔濁流而今淨土茲可尚矣異日燈燈相繼源源不絕則以深公爲之首也非夫道韻之優業履之峻上以贊廟社延鴻之慶次以資郡邑順成之福均是法雨霑乎義鄉則後之視今亦猶今之視昔云爾時嘉祐三年九月十九日承奉郎守尚書屯田員外郎知開封府雍丘縣同簽署兵馬司公事騎都尉借緋陸綰記

東靈寺天台教院莊田記

壽聖東靈寺天台教院者肇修於熙寧六年涉二紀而告備焉基自講師先瑞而成於今闍黎梵崇佛舍中嚴講室後邃齋宿之房庖湢之宇布列兩序代有名人四遠學徒聞風而至者無

處百數歲比不登邑民艱食崇師患無以贍學徒則每推施利
之應已有者悉歸之衆猶不能給也然而人皆知崇師之能導
矣於是僧道賢率諸檀信等買田二百一十畝永爲常住供崇
師感檀越之厚施也而欲鑱石刻其名銜而屬予爲之記予謂
吾儒言人情者聖王之田而以修禮陳義講學本仁爲耕耨播
殖之喻至于佛說福田亦不過種諸善根而已合而言之其理
一也夫方寸之地人皆有之果能竭精進之力以致穮蓘芟欲
惡之萌以絶萑葦則信善之生焉可已也充信善之心無施而
不可則所以爲利益者廣矣且衆生以愛故入生死由於愛境
有逆有順而生喜怒造種種業則所謂情田福田者於此荒蕪
矣長轉六趣至千萬劫本所從來惟有一愛更無餘病佛大醫

王對病爲藥唯有一捨更無餘藥嘗以此藥而治此病如水救火應手當滅故當世導師必破人愛欲之萌而起人喜捨之意使之皆知情田福田之說而内自得焉則彼區區在外者何足靳耶況夫檀則能施而越則能度生死是諸檀越充信善之心以於施則將絶愛境而脱生死矣乎故言情田福田之利益而歸之於導師之救病也大觀二年九月旦日吳郡陸嶶之撰

勝法寺轉輪藏記

佛法自漢入中國即與其言皆來然未嘗若是侈也至晉宋周隋之間鳩摩羅什之徒出更相傳譯轉相付授于是其書之至者日以廣源流既遠往往失其本梁武帝時始有言心法者一切以洞然無我爲宗不立文字佛氏之學遂判爲禪律兩歧其

後更數百年學心法者雖益咸然其書未嘗卒費自隋開皇至唐開元正元以來凡列于目者曰大乘小乘曰律曰論部分甲乙鱗次櫛比雖假托疑似謬妄之辭苟不叛其說亦莫不具在其傳至于今不絕昔吾儒者之言僅出于中國其道在天下昭然若揭日月而一遭秦火雖六經不得爲全書殘編斷簡得於屋壁圮壖之餘與一時遺老所誦習雖幸而獲存然顛倒錯謬間亦不勝其弊其他諸子百家各以其藝自名於時者近數十年遠或百年皆已堙滅無聞而佛氏去中國數萬里其言率一譯再譯而後見乃全而有之愈久而益著何也豈其言皆足以示後行遠使人欲廢而不可與蓋爲之學者皆知信其所習而尊其所聞相與謹守嚴奉手傳口誦而不敢慢非有意於借資

取便階梯所欲嘗探而忽忘之者然也常熟姑蘇別邑梅里鎮又在邑之東北海上有寺曰勝法故無藏經崇寧二年長老道綱始募衆緣爲之綱殫力明果學心法者也居勝法二十年與始至之日無異工既成見予謦工曰並海之民不耕而漁其習以多殺爲事而不畏罪與之言吾理則惑敎以其書則怠惟轉輪藏備極雕刻絲繪之觀以致其莊嚴之意可使凡徼福悔過者一皆效誠於此吹蠡伐鼓機發軸運象設駭於目而音聲接於耳不待發函展卷而其心固已有所嚮矣然邑民瘠而艱施歲且多潦有欲成吾事者而屈於力其力足以及之者而吝于歲盞竭吾勤而後能成不有記其略無以慰此意也因請予文至再三不已夫物之盛衰存亡固不可皆以力致然未有不存

乎人者服儒衣冠者徧天下不能盡有其傳而佛氏獨能持久若此是必有當其責者因推其所以然書以遺之非特嘉綱之勤而已也時政和五年六月十日縉雲葉夢得記并書信安程俱題額

淨慧禪院看經槃記

昔法達禪師誦法華經及三千部而不悟佛知見智通禪師誦楞伽經約千餘遍而不會三身四智又江西志徹南海志道禪師自從出家以來皆覽涅槃經而不曉有常無常之義彼四禪者初未嘗有所開悟持誦既久一見六祖則于言下豁然意解如夢者覺如醉者醒如迷塗失道之人不知所向一旦得出邪徑而由正路大抵經意分明人自迷背況人人性中本有此經

諸佛如來因以文字垂示後學雖非即此以悟入亦非捨此而後有得然則寺院看經寮豈可無哉淨慧禪院在常熟練塘市距鄒氏所居百餘步其初施地創立院宇繼而抄大藏經建藏殿藏院三門兩廡皆鄒氏先世之力逮翊伯仲造水陸功德堂以續其後紹興初慨然復以大殿頹敝爲慮且先世嘗欲新之未暇迺相與出力斥而大之成於五年七月予頃寓居練塘親覩茲事嘗作文誌其歲月矣然獨未有衆僧看經之所爲闕典寔念諸昆季世無與爲力者十九年二月己未惻然興懷又獨力爲寮及兩序共二十餘間于藏殿之後明窗棐几煥然一新使其徒朝夕晏處于其間展讀諷誦曠然見性明心他日不下丶禪者其爲利益一切豈淺淺哉比者又得信公禪伯來主是

剎四方學者聞風奔湊席下凡數百人遂為一大叢林郡人信嚮設伊蒲塞盛饌無虛日亦一時盛事豈不韙哉嘗聞唐宣宗問弘辯禪師有人持經念佛如何對曰如來種種開讀皆為最上一乘如百川衆流莫不朝宗于海又問師既會祖意還禮佛轉經否對曰沙門釋子禮佛轉經蓋是住持常法夫經者徑也不可一日無于天下也審矣憲作斯寮爲沙門釋子之利豈徒爲流眼計未成之日以書見告既成併以圖來示丐予文以傳久遠予嘉憲之用心敏予姪皆入太學又推其餘以及其隣僧予哀也久矣廢棄筆硯不復爲文今日披圖喜而爲書其本末以告來者是年九月十五日左朝請郎主管台州崇道觀夏之文記

吴塘接待院莊田記

姑蘇距常熟百五里介于中曰吴塘建炎間有顯師者造浮圖七級不克備而亡歲久且剥蝕乾道初有諸氏發大勇猛裂壓綱以爲僧曰懷果因其舊址崇飾增廟薙草萊以迄于成一椽一瓦皆手自刱慨然念曰吾徒之往來者無所共其因乏始議所以爲接待院以居焉慶元丁巳不幸以殁有嗣正玅以精進心而爲佛事視師有加焉今居像有廬說法有堂合徒有室鳴鐘有樓函經于藏崇殿對峙金碧絢爛寖寖大備矣雖然物之興也有時當果師之造始也無粒粟以資其徒於是有戴氏崇者割膏腴以胚胎之其子宣又以克大先人之志未幾而沈氏華氏復相與助成其美以濟其不逮然則是刹之興起也其機

緣幸會豈偶然邪噫人之情夫豈相遠哉者休于樹餓于道有饋一漿餉一簞隱然猶不敢沒其德况日暮途遠當風雨霜露百舍重趼之際其至如歸飲食牀笫不移而具當是時也何止一壺千金哉宜夫中夜以思以何因緣承彼恩力一至於是使如負笈西竺問津臺山拨去柴栅以求曠徹之地是則師之心而戴之志也苟謀之道路某處而飲饌豐美某處而居處便適憧憧往来老死而不悟者吾獨柰何哉是可悲也正抄又將闢其址益增大之而人之有以戴氏為志捐夫田以續食者則附之左方以傳不朽有宋慶元五年四月初吉都梁周甫記

勝法寺佛像記

去常熟東北兩舍而遠有大蘭若曰勝法 正宇佛像一日不觸

自作寔慶元三年四月也得其識廼石晉天福間所造蓋歲久而後隳無足惟者時竗喜嫡嗣紹南主其席蔚然有道譽一方實宗仰之踵不及門而施者雲集有嗣寶蓮慨以自任爲之出力幹蠱會得傑手曰僧淨慧意匠夙成出相妙好一歲而羸與繪飾之功皆然以訖事告矣今觀大雄如來巍處正座迦葉阿難拱侍左右普賢文殊以次導旁二天神厲色禦侮尊者一十八列坐其次觀大自在湧出後堵金珠間錯丹碧輝晃香華浮空幡幢羅樹緇侶旋繞梵唄清暢鐘磬時奏殿廡肅然是爲大道場甲於南沙于是一邑若少若艾奔走作禮起敬起慕嗚呼此豈人力强之哉嘗觀佛之有像猶吾學校天子之設佛者有大營締雖累鉅萬指期而集至於其徒甘心服役精苦自厲雖

至老死亦不叛去是豈宗主其師之教日夜灌漬其心挻及吾
民之設教及觀天下郡縣學校敞麗嚴邃固不能一如佛者之
居春秋祭祀一切取其臨時以應故事正旦月朔間一會于庭
旁者唱曰訖儀以就位俯伏而退意鄉之間邈弗相屬又非若
佛者之於其師懇切深到方且從事簿書期會敲扑之末以爲
大故及立一事出一令而必責其先意以承何哉夫儒之道豈
不盡善位天地育萬物鳶魚天淵莫不適從況民乎使夫如其
徒之於其師其效可勝量哉今不責之躬反以尤夫人曰是安
取諸彼及其欲勝之也又將曰夷狄之教以害吾道也如此人
其人火其書廬其居其說哆然而四出矣豈不甚悖矣哉吾因
是益有感而歎息於斯故併以書之云嘉泰元年正月望鄱梁

周甫記

大慈寺鐘樓記

千鈞之鏞不梁百尺之高而箕虡之則停輪息苦警昏導迷何所妄冀寒山夜半聲到客船非衲子明心即詩人得句昧者往往以爲迂闊不切殆弗知美教化移風俗王者先務而心花發明亦豈細事大慈爲福山望梁天監中剏長江橫陳五峯擁環古木夾道朣朣如幢寺昔中微木日就槁及其再振木則重茂大鐘横擅僅在平地厥聲弗鉉不足以發人狂醒醉夢深省文遠欲樓未幾而寂其徒如璟了此緒績不日而成落之於嘉定九年三月既望翬蜚半天遐眺無際寺與樓稱費幾萬緡遠初欲市田爲山家經常計幡然而作曰市田非比丘法則又反諸

檀施施者不受願聽所欲爲至是舉以權輿其事餘出于父母昆弟是輩來北磵求記歲月予語之曰昭默大士云身爲比丘不導父母于佛法中曰不孝是役也予以繼志而起父母昆弟施心一舉而兩得雖然曩見子擔簦負笈問天台之旨於諸老今復見冠冕領衆于古靈山晉進不止至于厭滿心初流通所學以壽佛祖夫如是又豈特孝于其父母哉萬緍之費土木之事耳吾所紀者在彼而不在此嘉定九年孟夏旣望潼川北磵居簡記

慧日寺修造記

梁僧慧響造大寺三在淮南曰慧照在崑山曰慧聚在常熟曰慧日環常熟之境他佛廬無慮數十所或背岡巒而深穩或面

江湖而舒曠其得勝槩固宜獨慧日在縣西稍北九十步臺殿屹立檜柏葱翠當闤闠中乃有山林瀟灑意鐘磬石鼓之音時徹縣齋爲令者藉以少清胸次爲不易得也院從昔名重甲諸刹蒴檀林率贍二千指非但爲展鉢計頗知相勉參請或在定累日無少懈怠以故主席者必當世龍象然後其徒心悅而誠服嘉定丙子夏五比丘子幸以少師樞使大丞相魯公之命來住茲土始至之日旱蝗積逋舍宇就弊緇袍稍〻雲散幸與佛爲謀奮空拳而一新之凡所得施利悉以助修設毫髮無私焉居無何甑中之塵銷而戶外之屨滿矣於是首興造事聞者響答富室至捐百金其窶人子亦分錐刀若法堂若庫院若浴堂若衆寮若華嚴閣若水陸殿既次第補葺復製幡幢二十四首

以嚴冥陽之儀刱經函六百餘枚以足大藏之數三門兩廡舊
爲賈區卜肆喧啾冗雜亟聞諸公而盡斥之塗以丹艧輝如也
繼此來者欵門而容改升堂而意消使人折不善之萌者固多
謂佛法無益世教不厚誣哉珽揭來試邑既喜與蘭若鄰璧故
因其求記而有攷焉自天監初院爲十方禪林幾千載于此矣
中更變攸碑碣無有老宿或謂三錫敕額曰壽聖曰晏安曰慧
日亦口相傳以孰爾乾道間僧宜意建佛殿淳熙間僧宗璉建
法堂嘉泰間僧祖印慧光又建寢堂文室皆未就去間闕至今
乃迄于成是必有數存乎其間斷非偶然之故也抑嘗誦須菩
提經云菩提莊嚴佛土不不也世尊何以故莊嚴佛土者即非
莊嚴是名莊嚴夫靈山六年鸛頂蘆膝佛自處也金碧晃耀十

二由旬人奉佛也二者並行初不相悖今慧日奉佛之道至矣若夫離相莊嚴則在比丘反求而自得之嘉定十二年解夏日宣教郎知平江府常熟縣主管勸農公事兼兵馬監押龍泉張珽記

髡頂山路記

常熟縣與海濱而地無大山縣依山之昜是爲隅山以瀕海之隅也又名虞山以昔人虞治於此也山北行九里是爲破山以闘龍破山而爲澗也又北行九里是爲頂山又北行六七里是爲小山山之南北相距纔三四十里而名已不一矣又合而名之或曰烏目山也縣人行還以舟航爲安而視道路無不勞苦者故自縣至破山即有興福寺又至頂山即有頂山寺其路隨

山而山之形勢皆沙石雖去山稍間而徑田之塍又亦磽埆而人跡不頻則榛莽爲之翳雲雨暴至則泥潦爲之塗人愈勞之也昔之僧於興福者悼其如此於是出其身有之財而累甎以甃之然自縣之北門以至興福之寺門而已因仍持久未有以動心者今頂山中峯菴主懷素大師圓於學佛而明樸於遇人而信願以甎石自破山之雙檜砌而甃之以抵頂山之寺門迺勤身以先人而訪人以許可昔之惡榛莽者果欲芟而夷之昔之病磽埆者果欲砥而平之昔之傷塗潦者果欲堅而實之其財可謂易求其力可謂易致歲嘗大凶人嘗大疫而于此未嘗不悅者其費錢百萬其役工數百兆於熙寧八年之孟春成於元豐二年之季夏雖以堅爲之心感易化之人而必更五年方

即成功豈徐或疾之歟或遲之皆命于天耶若未又而成已成而休乃人之情也則天又烏能使之齊耶今夫奔車驟馬可以連轅並轡而無復異時之磽确也春游晚歩可以攜歌挈笑而無復異時之榛莽也輕任重負可以鐘行星歸而無復異時之塗潦也是則因其廢興而有休戚乘其幾會而能變通果在人也古之治曰澮上有道川上有路而道路不除又責於任事者至於徒杠輿梁又各期以時月之成故行旅合散而人不病濟後世亡此而佛老之徒得於其間遂資以為功雖州縣之吏時有銳意臨之而後或無繼者亦又有其意時不得自任以為責者今懷素非徒能甃其路而已又能建雙石墻以鎮交衢之衝還以表溝間也闢四石橋以濟往來之阻還以表溝間也是能

爲縣官之未爲者而以佐縣官之不逮者吾其可以無書邪元
豐三年三月初一日文林郎試秘書省校書郎守縣尉兼管句
河塘溝洫陳于記

頂山瑞石菴記

夫生齒蕃息地據要劇水陸之會貨商寶賂之所自出必有窮
巖絕境龍怪之窟宅以爲一方之福遇其人善持事之應誠禱
而輒收報效者其有益于民豈少也哉頂山之巔直上絕險怪
篁靈木陰森鬱翠之中有瑞石峭拔不可窮極而龍母之冢神
龍之池環竄其旁邑民禱禳水旱曾不告召而千里畢至明道
紀元之初浮圖守常者能默誦妙法蓮華經邑民陳氏浩滌相
詔出泉二百萬屋其下爲菴召守常者持事之自是禳禱輒應

而福在一方守常死菴其下者不遇其人則禳禱不效水旱相
仍嘉生不降邑民以爲甚患迨今治平丙午縣大夫向侯因民
之願欲命滁陽紫衣僧慧安極廢起隆益廣其旁以廊以軒以
垣以甓以飯四方之來者相與講解佛事以起民人歲時祈禱
之誠信夫窮巖絶境龍怪之窟宅足以爲一方之福遇人而興
其誠信之應效益不可誣以神之爲靈嘗陰寂無形不可得詰
而若依人以爲報其能不逆民之心以嚴香火之地以致誠於
陰寂不可詰之間而爲民取福善之應益亦賢於無所用心而
欺闇以悖人者之爲也丁未春正月甲子承奉郎守尚書祠部
員外郎充秘閣校理通判秀州軍州兼管内堤堰橋道勸農河
塘溝洫事騎都尉借緋錢藻記

明因寺改禪院記

常熟縣七十里有雙鳳鄉有村支塘而寺其間曰明因方中國知有佛僅餘千年而是鄉爲南徐時嘗曰永昌世俗近淺畏佛爲高明而毀擯之寺輒廢于乾元至咸通間始復向信而知過去佛在彼又已證眞矣見在佛在我不可以不求證也欲證在我又不可以不尊彼于是佛道重光寺亦興焉遂名再昌至皇宋祥符改元始易今額至熙寧六年遂爲禪寺土不變壤人不更聚而名目之不齊者時異事殊實亦尊佛而已佛以一無冒一切有以一眞破一切妄一切法是有我何使之無我本自無今安得有一切法是妄我何使之眞我自非眞今安得妄一有一妄爲有情故一無一眞爲無情故此禪律所由判也東西分

祖南北異宗以攝戒名律以見理名禪此禪所由盛也夫律衣漸禪衣頓而爲之徒者以禪受十方以律傳父子因而反戈自伐與俗同污其不見繆於世者無幾蓋律徒之弊也初僧文曉由是與流輩有不平者以自至有司遂攘臂鼓衆二十有一覦更律爲禪自今日始縣爲聞府府下僧籍蒐可爲領導者衆薦今禪師紹贍而府可之師至其徒有不悅者豫空其室以遁而頹垣壞壁蕭然如無人之墟師不以介情收拊遺衆繕葺故廬鳴鐘擊鼓晨唱夕和欣欣如也規範僅舉徒衆僅安歲輒大凶而水且旱百里無其八人輒大疫而逋且逃十室虛其九嚴不轉之心奉一實之事根無利鈍應病用藥其徒以此親施無厚薄亦福田相鄉人以此敬行八年於今而門之外尊長涇以利

衆至涇之上營石橋以便行堂室龕殿雖未及美而小亦備矣嘗以爲佛之興無棟宇之安無朱碧之華或即山與闤或棲林與樹而徒衆羅列人天森填不以爲陋者願得法而已及夫祖佛不可見見其相而瞻覩之足矣所以侈宮殿而非僭道師不可得得其人而皈依之足矣所以麗室處而非過際無前後應運者昌法無正末叶真者隆居不必壯苟葺苟完以至於美而不慊者遂其適故即大溈是已徒不必繇或十或百以盛於千而不憚者會其緣故即象骨是已由故以觀今則寺之興廢可見由今人以觀故人則師之操履可知因師請識之而論次如此若門未革殿未紺而文室未壯必有待於他日予不得而書也元豐四年五月十五日前蘇州常熟縣尉陳于記

破山光明菴記

佛説金光明經是經莫知所始莫究所終杳無形聲廣無邊際最尊最上衆經中王類名曰金不可沮壞之體也現前日用光明之實相也雖天地之大萬物之多幽明之異死生之隔皆不出是經含洪徧覆之無外也廣矣大矣不入二乘之論浩然寂然未離三界之中染著是經則入起滅輪趣向是經則示懺悔法由懺悔法故能拂樂著之心無樂著心故能達菩薩之本有大沙門名曰海素以曩故行願愛樂是經出入是經受用是經得是經三昧安樂讃歎之不已又思一切衆生同入道場供養是經行懺悔法去一切罪垢與人天四衆得清淨果究竟了義入無生法忍安住如如復次香火之地不無擇焉乃相視此山

西南頂有奇峯裂澗可以隔塵凡有長松茂竹可以庇經像燕
坐屏息歸者悅來者遂以熙寧辛亥歲經始訖紹聖丙子年建
立凡三十餘間得東南之絶境擬化成之勢鼇背望遼海而鏡
空一天前臨上湖則澄光百里於是擊大金鼓出大音聲諸有
聞者合手而至稱曰某甲等以宿昔緣墜塵色界煩惱障難願
盡懺除素公乃爲整威儀良久而大衆悅然有失瞿然有得悲
啼懇切告謝而去往問之則曰所失者煩惱妄想向來覺知今
已斷滅所得者口耳不及使予何言仲殊身隱光明跡涉懺悔
聞此殊勝書以自警公命勒於石以示四衆云耳紹聖四年正
月十五日雲游比丘仲殊記

神祠

破山龍堂記

禮山林川谷丘陵能出雲爲風雨見怪物皆曰神若然春龍亦能爲風雨見怪物則其澤也在民厚矣神而祀之又宜矣常熟澤國也風雨怪物日作于民在有其地者苟祀之至民被其利祀之不至民受其禍汝南周君爲令之初夏且旱禜其神于破山之潭工果雨以應君曰受其賜徒禜以報不可也於是命工以土木介其象爲寶宮以蔭之著之于典以潔其祀於是風雨時怪物止水旱不爲厲民經大荒連歲以穰其神之澤乎君之祀乎凡雩者春秋之道皆書之勤民之祀也君爲其祠已乞文其事日休佳君之爲也在民故從之咸通十三年二月十九日

襄陽皮日休記

頂山白龍祠記

常熟縣之頂山世傳梁天監元年有村姥居其東孕而生白龍失所往三日龍歸若就乳姥怖而死其家即所居葬之既七日大雷雨冢遷於山腹泉池泓演木無棲禽歲之五月龍率來省或見形山間始至必甚風雨既留則一境爲之寒邑人以此候之唐貞觀十年龍嘗鬭黑龍于海虞山之東山破水泉出其下有破山寺今興福寺是也邑人因像事龍母子於寺西澗旁水旱禱焉本朝太平興國四年蔣文懌爲縣令苦雨祈龍而霽令爲之增埤冢封濬治故池既又卜遷其像歸諸頂山寺是日有白氣離故地而龍見既至舍其像佛殿西偏而大治其祠宇結搆之三日龍復見尾冢而首祠繼日雲氣光色錯雜遠近見之

祠成文懌爲之記迄今禱請多應其興起年世與變異事跡舊
碑實云大觀三年五月六日餘杭陸韶之記

煥靈宣惠矦廟記

政和二年漕臺以常熟白龍祠祈禱感應之實聞于朝越明年
制曰可宜賜煥靈廟爲額邑人以煥靈之惠著在一方而爵號
未崇奠以昭神貺後二年縣以狀列于府府言于部刺史遂復
保奏焉制曰可封宣惠侯於是縣大夫率佐官祗奉休命宣于
祠下而邑之士雲集將退咸告于丞曾詹曰侯之廟宇君與縣
大夫謀之侯之封秩君與縣大夫請之今堂宇將畢而綸誥適
頒邑人鼓舞胥慶盍記之以侈其事且俾流于遠詹應之曰茲
不敢辭惟侯之祠舊在破山興福之澗上父老相傳其誕育之

異肇自梁武初我宋龍興妙選守令為民師帥太平興國中將
侯文驛來宰是邑距天監幾五百歲矣時積潦泛漲嗣禱於侯
不移晷雲斂雨霽歲則大穫乃迎侯與聖母之像歸於頂山壽
聖之西偏是日白龍之見盤旋乎冢上彩雲之瑞焜燿乎山間
迄今又幾一百有四十載矣邑人乃相與作廟于山腰龍池之
上侯之仙壠在焉經歷若是之久始克有成茲豈偶然哉佳城
峩峩方沼瀯、峯巒疊秀回抱如翼長江浩蕩沃野曼衍左則
福嶺狼巖右則虎丘崑玉遙岑寸碧列岫橫翠雲煙之祥疑在
於仙島氣象之偉寔冠於吳中觀侯之初以神力遷葬而陰陽
家流咸謂勝地今新廟奕奕實下瞰焉庸詎知其非侯之意哉
政和五年十一月庚辰既望侯之誥下十二月朔廟前後殿成

若門墉廊廡盍將有待於來者焉纘其事以攷之詹既書其槩矣復繫之以辭遺邑人歌以祀侯辭曰白龍之峯巖巖兮白龍之泉源源侯之煥靈兮祥發于茲山侯之宣惠兮澤霈乎人家若歲大旱兮曰雨而雨天作霶霈兮曰暘而暘上恩之厖兮載煥乎龍章民報之薦兮締創乎斯堂淵潛而雲飛兮克相昊天五風而十雨兮賚我豐年千秋萬歲兮擊壤千耦萬箱兮大田

文林郎知縣平江府常熟縣丞曾詹記

修白龍祠記

海虞彌望平疇有山突然自西北走東南左股盤紆前趾直踞崇岡隱起于腹脊間巔有池焉叢木蓊蔚白龍宅之祠宇久不葺不稱神居金華葉君知幾貳邑程有聲諸司能之以其狀聞

諸朝移使令海虞既視事謁祠下僾然若有感於中者自是水旱則禱之曰雨曰暘如響答聲穀用以成民用以寧他邑歲飢而海虞之人不以瘠告既三年矣君曰神之福吾民至矣吾朝夕去邑而神之居若是吾顏靦焉乃鳩工合材易其腐敗而黯堊其故暗廟貌煥然為之一新惟神基迹於梁赫靈於唐以暨我國家雖以工下天地祀握陰陽為功然非人無愧于神則神亦何有于人也令神之福吾民如此是殆令君有以契神意哉葺其祠以荅神之休也固宜良請書其事于石又爲之詞以附著其後使邑人之祀神者歌之以樂神詞曰雲油油兮靈之升風颯颯兮靈之下雨暘以時兮靈之豊我稼棟橈壁摧兮靈何依葺敝以新兮祈報則宜千 秋萬歲兮靈無我違時有宋慶元

丙辰四月初吉丞昭武傅良記

龍湫亭記

頂山祠宫爲白龍祝嚴所肇於梁天監顯於唐貞觀而助順著耀於我宋者也雩禜之應咸通中皮日休述之誕育之異太平興國中蔣文懌紀之政和二年始賜廟曰樂靈後二年封侯曰宣惠自是禱水旱則響荅制詔封秩累八字矣祠之側踰百步有上方院院有湫泓水清可鑑旱澇不爲之縮盈舊傳嘗見白鰻于中故俗稱白鰻池實龍之棲也吾宗趙君崇意嘉定乙亥來爲縣大夫明年丙子蝗繼有自江北蔽天而入境者君率僚貳走祠下潔齋禬禳少焉龍見于天風雨驟至是夕蝗悉隕于江以斃秋告旱君即湫乞水禱焉則辱居浴院下腐渠汙積謂

神龍窟宅而若比沮洳無乃非邪默與龍約雨若應祈當為龍作亭以蔽湫之上且撤彼浴堂前爲軒楹言未旣風色慘變片雲布濩隆隆獵獵若有驅導然隨車而雨遂彌百里罔不周飫訖成農邑穡事畢迺鳩石工迺命梓人以甓以削始創一亭而湫其四周巍然而翼翼之尋闢澡垢之地日南至縣大夫相攸築址白龍復見蜿如蟜如近横兩山之巔漏下十一二刻而藏冬而龍見非時也邑人故以為異於是士夫民庶謂宜假以光靈增其封爵策書申命以詔亡極迺上其事于郡于部刺史次第聞于朝事下禮部太常合議條奏龍侯自靈澤宣惠通濟孚應而爲廣利公龍母夫人自靈順慈懿顯祐而加普應且易懿以穆詔禮官議是鄉貢進士陶元善者克奔走倡厥事會鄉貴

在朝路又從而候趣之告下神人驩喜于以答昭既侈神功也惟軒楹未就顧縣帑常在元枵之次是邦有寓公獨慨然捐錢以助其費君輔之私財一椽一瓦不以調民民抑不知有斯役戊寅秋七月建屋三楹榱題美奐如翬斯飛繚以垣墻氣象閎敞然前馬帥周公虎作龍湫二大字為扁榜趙君詒書求時侃記顛末時侃既樂道禱祈之孚遂復于君曰予嘗讀易而得雲從龍之文及質諸韓文公而得其說夫雲者以龍之嘘氣而成龍乘茫洋之氣薄日月召雲雷然後以雲爲靈是龍之能使雲非雲之所能使龍也子思氏著中庸一經有言水一勺之多及其不測蛟龍生焉蓋不測之水自一勺而致孰能謂龍之時潛不在宮沼間此左氏載深山大澤實生龍蛇之語亶不爲怪遠

夫起陸變化雲霧滃然而從瞬息四海茲其所以龍之靈審如是不加敬于龍湫可乎歐陽文忠公為乾德令祭五龍之文云百里之地一時不雨則民被其災凡山川能出雲為雨者皆有神以主之以節豐凶而為民之司命予觀趙君龍湫之事其得歐陽公為令之心歟心與龍通雨暘時若以是三載無水旱之患行將待去猶拳拳於軒楹之建封爵之加去如始至是不可不記也君字安伯登紹興龍飛第令官奉議郎其操心也誠其律己也廉為政無愧于顯幽云嘉定十一年九月朝散大夫主管亳州明道宮趙時侃記

福山東嶽廟記

維我宋真宗皇帝東幸泰山告功于天大修封禪禮泰山之神

顯膺褒嘉位號崇隆得非衛社稷福生靈運功烈於冥冥之際宜有所報稱歟是故四方萬里不以道塗為勞往奉祠事有加無已且復用其至而思所以竭力於神者往往規模岱嶽以營基構立為別廟多矣然未有盛于姑蘇之福山也福山廟經始於至和之初先時草創類皆陋隘拓地增廣屢見改作智者獻謀巧者效工富者輸財貧者出力為斧斤為畚蔂為陶旊與夫黝堊丹雘之飾其用不貲垂六十年樓殿門廊并諸從舍巍然而輪奐時既久如此其盛猶弗休工而停役資信施於一方未必能爾也然而江淮閩粵水浮陸行各挈其所有以輸歲時來享之誠者上祝天子萬壽且以祈豐年而後保其家凡有求必禱焉卒以類至號曰社會簫鼓之音相屬于道曾不知幾千萬

人不及之乎泰山則之福山而已非靈貺感召有是乎福山臨江海上歸然翁鬱岡巒回環殆亦勝地父老云肇祀之日有幅畫乘潮而至乃嶽神像居民得之欽事而加信焉隱顯之情相與符合如此嘗攷山之隸于吳域曰覆釜蓋因其形以後易名福山今廟據其上遂為遠近祈福之地豈偶然也哉於戲畏禍而悅福人之常情能畏禍者鮮有不畏刑為不善也明則刑及之幽則禍及之且雅福是祈而敢不爲善者幾希廟貌嚴飾則人之設心亦可見矣固宜有述以爲來者勸況以祝聖祈年爲先務庸可以不書乎衆謂邦哲寓居之久頗詳其事求文以為記在位者助之請不得而辭政和七年八月乙亥鄉貢進士崑山魏邦哲記

重修福山嶽廟記

宋有天下垂二百年海寓乂安憲度修舉人繇物庶拓地日滋文恬武熙寘民太平和氣中至老死不聞軍旅之事鼙鼓不鳴邊境少弛遠夷欺天犯順桀不測之勢虵豕長驅犬羊無厭異時雄藩鉅鎮金璧輿區游騎所經略無遺燼平江叠吳都會而重兵所守也一日姦人欺賣蜿去無戶限之托一夫一婦一絲一粒蕩然爲空常熟距城百里揚鞭可至而夷人逡巡遁去不敢回顧神相之矣何以知其然常熟於縣爲望富家潤屋百貨之所藏平原沃野九穀之所利達官貴仕遠商大賈樂寓其境殆危時險塗盜賊之所垂涎者今舍弗取又地當南北之衝俯瞰長江對峙通泰於是大軍旁午悉仰是爲傳舍絡繹不斷累

年於茲無或間言脫有貪人暴客包藏禍心蓄爲不利旣而彌
縫調伏姦宄自銷驩然請行莫敢竊發者以故齊民安堵居不
告擾耕食鑿飲往往滋盛彙時豈盡天幸哉神相之也東嶽離
宮剏于至和崇大於元符實相斯民而治于福山福山南去縣
四十里北壓江口即古之覆釜唐之金鳳山也一邑之走望在
焉老弱疾病歲年豐凶以至于旦暮之所經求冀如意而蒙福
者惟神是依趨是以來遠邇加信歲率以暮春大會四方來者
于廟之廷祈者禳者訴者謝者獻技能者輸工力者若貴若賤
若小若大咸各有施投簪珥薦環貝輂貨泉篚布帛庭實充塞
紹興癸丑知縣事施公剛明清愼至誠有格樂與民基福田神
施實德于民而報之不可虛拘宜即其廟奐者新之圮者更之

無者建之已經始者成之知鎮事趙公敏惠簡廉遇事輒辦曰惟爾有神實之在旁敢怠斯役因會所入披圖創規將侈其觀顧護國西齊王殿營治歲久宏麗及是命工度材一新輪奐楹丹桷刻耀映日星既八月績用告備明宮齊廬壇壝之屬凡昔所未具與夫故制卑隘不足以揭虔妥靈者今悉章章顯設無不盡美巋然神居高明靖深洞洞屬屬應如影響以福一方蓋未艾也西成有祈耆老將率邑之子弟慶于祠下命予記其事因為之歌以侑酒且致所欲禱者詞曰妖氛塞路兮乾端坤倪獨保茲土兮初如弗知念我福兮惟神其依欲報之德兮曷知其歸用宏茲賁兮聊申我私神其昭假兮克大靈威掃清宇宙兮太平以基與國咸休兮振古如茲紹興三年十月十日福唐

李薰撰

重修琴川志卷第十三

重修琴川志卷第十四

題詠

破山寺　　唐常建

清晨入古寺初日明高林竹徑通幽處禪房花木深山光悅鳥性潭影空人心萬籟此都寂但餘鐘磬音

同　　僧皎然

雙峯百戰後真界滿塵埃蔓草緣空壁悲風起古臺野花寒更發山月瞑還來何事池中水東流獨不回

同

秋風落葉滿空山古殿殘燈石壁間昔日經行人去盡寒雲夜夜自飛還

破山山居八詠　僧常達

身閑依祖寺志僻性多慵少室遺真旨層樓起暮鐘啜茶思好水對月數諸峯有問山中趣庭前是古松

晚望立虚庭心心見祖情煙開分嶽色雨霽減泉聲逃機猿長嘯層巖日乍明更堪論的旨林下筍新生

一室塵埃外翛然秖麽常睡來開寢帳鐘動下禪床溪浸山光冷秋凋木葉黄時提諸祖意欹石看斜陽

西來真祖意秖在見聞中寒鴈一聲過疎林幾葉空心閒憐水石身老怯霜風為報參玄者山山月色同

真性寂無機塵塵祖佛師日明庭砌煖霜苦藥苗衰汲水和煙酌栽松帶雪移好聽玄旨處猿嘯嶺南枝

古寺凭欄苑時聞舉玅機庭空月色淨夜迴磬聲希漏轉寒更
急燈殘冷談微太虛同萬象相謂話玄微
胡僧倫的音物〻唱圓成珠柳春來翠幽窗日漸明禪心親石
室蟯翅覆花英好聽談玄處喬松鶴數聲
祖祖惟心音春融日漸長霜輕莎草綠風細藥苗香月滿真如
淨花開覺樹芳谷前鶯囀處時聽話圓常

烏目山五題并序　　秘書丞李堪

予被物役塗污故羈於人務網於吏位誠此身為官府有也今四十加六年始覺老非欲而已至病不期而自來生何常而本空死如歸而共寂由是登水木之虛室遇霞月之美夜聞經梵之清韻覽香花之寶會則心悅以情動目爽以言發

綺靡以文著詠釋以意達前月中隨漕輓牒治金穀事至常熟縣過烏目山其山左右前後僧居佛宇者有五因而成五題皆率爾所作非高妙也大中祥符三年四月五日序

興福寺

雲門十里長殿掄明朝陽半夜風雨至滿山松桂香清猿嘯遠壑好鳥鳴虛廊塵土斯可濯胡爲語滄浪

延福院

蘭棒遠禪關半春香滿山風移金磬遠雲伴玉龍閑樹暗猿吟外花開僧定間塵心自然洗流水日潺潺

淨居院

入門松桂深清氣生人心霞影透窗綺花光照地金微風起層

閣初月升高林終夜魂自健滿堂鐘磬音

永慶寺

巖扉開早凉谷鳥紛遠翔花氣濕幽徑磬聲清上方雲生松澗底泉落蘚池旁我有遺榮意移時坐石牀

龍院

林下金仙坊喬門掩夕陽花飛殿瑲頂地照雲霞光松老鶴亦在洞枯龍已翔中宵動清梵一磬發虛堂

破山八詠并序

元豐元年蘇州府常熟縣沙門思雅謂予言曰海虞之勝鍾于破山然林泉之勢游觀之緣無近與遠傳之盛矣自倪彬州舍宅爲寺數百年間僧人奇士往〻間出而人知者頗有

以發明之予因請而詠其可道者俾靈蹤異跡不掩于山水之勝云元豐五年四月旦日宣德郎知蘇州常熟縣劉極序

興福寺齊彬州刺史倪德光捨宅為寺號大慈院梁大同中改為興福寺

巖巖鳥目山曾臨貴侯宅重房昔珠翠峻宇換金碧泉激晨霞明松搖暮雲白宜爾山中人日輪自朝夕

文舉墖唐高僧常達字文舉通涅盤經莊老書隱跡此山雖王侯詣門莫得而見墖在寺之東南三百步

圓音探雙林危言發南華萬里歸一空誰云正非邪門影搖青松曾廻貴侯車猶遺數層墖岌岌凌飛霞

救虎閣朱梁高僧彥偁嘗一夜有虎中箭投伏寺閣偁閣之下拔箭其虎舐血顧偁而去閣基在三門之東偏

三昧游深慈結守依蒼崖猛虎伏巍閣拔萮非忘骸窮獸雖覆
車危在猶投懷況我見已忘而彼猶其齊

龍闕澗唐貞觀中老嫗生白龍與一龍鬭于此而成澗

白龍鬬巍峯長劍落千尺靈泉應奇蹤高連暮雲碧寒影凌蒼
崖清流動危石八月萵正枯猶能變甘澤

體如塪高僧懷迷字體如學涅槃伊字沙門遭武宗沙汰至大中中仍復僧服始終無瑕塪在文舉塪之東北

妙理悟三伊巍〻抗奇節千尺巖下松蕭然獨凌雪珠影雖青
黃月輪豈圓闕危石揚寒泉至今伴清絶

宗教院雍熙中高僧晤恩通天台教持于此在三門之西偏

妙義傳天台迷雲淨如掃初終雖五時短修自三草結隱非此

峯護藏亦眞實秋來月正圓獨照松已老

空心潭常建詩云山光悅鳥性潭影空人心在殿之東北九十步

碧潭發幽石瀟灑無纖塵寒光湛秋月有物難比倫離鈎況無魚千尺徒垂綸到此心已空何用濯我纓

御賜鐘唐懿宗咸通六年賜

大聲如洪鐘萬里來彤庭鳥閒棲影重星淡雲氣清餘響遶巖壑林葉如迴驚有客發深省塵耳非謾傾

破山　尚書莫儔

久聞勝地有蓮宮乘興來游杖瘦節庭老樛枝翠瓔珞池生並帶玉芙蓉飛仙何意來題柱閑澗當年想鬬龍歸騎回看樓閣處雲深隱隱度疎鐘

同　　　　　　　　　　　　李莊簡公光　時為令

招提清絶冠諸方溪繞山圍勝氣藏好在池塘存舊址依然花木隱禪房風生殿閣元無暑雨後松篁自有香日暮不歸清興盡更登絶頂瞰微茫

同　　　　　　　　　　　　陳簡齋

不到龍門十載殘斷崖依舊掛斜陽金銀佛地浮佳氣花木禪房接上方嬴馬暫來還竟去流鶯多處最難忘老僧不作留人意看水看山白髮長

破山光明菴　　　　　　　　僧仲殊

身是光明幢語是光明經光明聚不散妙有成真形示現三界前何勞問丹青坐斷龍關山寶月孤亭亭

同　　吳郡陸曦

檻外琅玕山外山三峯横碧有無間塵埃莫便市塵去斜日秋風更倚闌

虞山登眺　　令孫應時

長嘯虞山迴天開風氣清南窺五湖近北覽大江横歷歷三吳地悠悠萬古情雄觀有如此聊復記平生

乾元宮　　令孫應時

塵囂咫尺愧山林勝日追隨得共臨千里江湖堪送目一窗松竹更論心清風正爾生秋意小酌何妨到夕陰歸路踟躕獨惆悵強須倚卷一微吟

望湖亭　　僧仲殊

凝華浮藻五雲間下壓凌虛萬象閒湖水際天〻欲盡落霞照出洞庭山

極目亭舊名望湖　令徐次鐸

幾點歸舟破暮煙數行鴈字落霞邊世間安得王摩詰爲寫琴川作輞川

頂山寺　直集賢院知蘇州梅詢

千株碧樹插雲立一綫紅泉透石飛童子怕寒爭閉户夜深風雨有龍歸

秋晨至頂山　令孫應時

散目秋郊趁曉涼纖雲不點鏡天長杉松沐露連天碧秔稻眠風萬頃黄可惜文書妨勝日又還時節近重昜小山叢桂相撩

得故〻隨人作陣香

秋晚有懷頂山　令孫應時

小山搖落故淒涼想象登臨野興長萬里晴空初鴈入一年好景又橙黄極須痛飲償秋節生怕疎鐘報夕陽㨂首故園歸未得籬邊寒菊爲誰香

留題頂山上方　范文正公仲淹 時知蘇州

平湖數百里隱然一山起中有白龍泉可洗人間耳吾師仁智心愛茲山水音結茅三十年不道歲月深笑我名未已來問丞爲理却指嶺邊雲斯焉贈君子

同　令程準

雨歇黄梅後秋生麥熟前偶同金馬客來訪玉龍泉竹葉一樽

洒榴花五月天不妨扶拄杖行到白雲邊

慶元丙辰中夏獨游工方　令孫應時

澗水有奇觀山蟬發清歌穿林翠光合深谷涼風多孤游轉寂

歷佇立久婆娑吾生正須此欲去意如何

戊午六月宿山禱晴

鵲為晚晴喜山如秋夜涼蟬聲起竽瑟雲影散牛羊神理應難

昧民憂敢自康平生靜中趣未厭宿僧房

詰旦喜晴

一巒有　意三年幾獨來龍鱗松薛荔翠羽石莓苔潤喜朝光

動清知嵐氣開山前迎父老同作笑顏回

頂山栗　教授王伯廣

黃雛抱中實紫苞發外彩寄蹤蜂窠垂藏頭蝟皮隘詎堪鼯鼠竊更復猿猱採心憐使民畏時須徇兒愛荆山破金璞驪珠掩微類縝密文自保滋味身乃碎筠籠貢厥珍不在相梨外羅邊加其儀顏與菱芡對易飽屏膏肉餘功益肝肺懸風當今堅致濕忍使取晉地棗非偶宣城審嘉配誰知麝香囊可居天下最

中峯　　令劉拯

躡徑登高亭天遠不敢局跡簾捲危簷百里在舉目江橫縞帶明山隱螺髻綠啼鳥破長煙飛泉漱寒玉雲回猛虎嘯清風繞巖谷颼〻入青松古淡琴一曲倚欄更凝望斜陽上脩竹欲去還遲〻勝槩那可足

同　　和靖處士林逋

中峯一徑分盤折上幽雲夕照全村見秋濤隔嶺聞長松含古翠衰藥尚馥薰自愛蘇門嘯懷賢事不辟

同　　僧仲殊

聚遠最高亭登臨喜倍增含陪青眼客不見白頭僧閑夕三十載壓雲千萬層龍珠彈落處一點白蓮燈

瑞石菴　　令孫應時

修碧竹萬箇清甘泉一泓拂石可偶坐携茶聊自烹林深人迹絕日永山蟬鳴出門不忍去卻立聽谿聲

寶嚴寺　　王伯廣

平湖鏡淨中背貼青峰巒去郭二十里金碧輝波瀾是曰寶華境萬象欝以盤壯哉窣堵波一瞰天地寬誰懷隨塵鞅幾欲招

飛鷺我生眇何能山水情所安扁舟幾來斯不爲開愁端意到
自行樂樽酒那追懽何如結青蓮超適心外觀塵迹身兩忘浩
然天地間

同　中丞姚愈

浮圖插雲表列嶂環古剎平湖眇澄波萬態天光發我來陟層
巔秀氣助毫末扁舟返明月萬頃玻璃滑

同　陸曦

出屋蕭蕭數百竿入門襟袖便生寒相期更待梅英發醉棹短
篷來細看

光深亭杏花　少卿陳揆

南郊見說春事濃杏花香發眠東風生人未解此花意小槽溜

灧杯猶空勸君瀲灧蒲萄緑好看枝頭紅映肉莫令風雨遣花
飛徒唱人間斷腸曲

勝法寺　贈綱師　　李莊簡公光　時為令

含南含北竹千竿鏡淨無塵碧玉寒中有老人清似水睨來相
對倚欄杆

游勝法寺兼簡深公　尚書屯田員外郎陸綰

道旁有古寺巋然聳梅林邇來衣褐徒包禍歲月深埋伏狡兔
穴嘯聚惡木陰安得智慧劍力斬姦邪心吾師曹溪流所在人
依欽郡邑兩交疏來發雲雷音初如碎瓦礫乃見眞球琳聾者
破其聾瘖者披其瘖有若鸑鷟巢無復鴟鴞禽嗟予困吏役海
岸宜投簪扁舟扣禪户清風滿衣襟高論松桂間為師揮玉琴

嘉祐三年

同　令孫應時

古刹精廬隱茂林斷雲疎雨正秋陰黄花又是一年事枯木倚然千歲心酒病未能扻獨酌懷人無與共清吟僧窗夢覺鐘魚静聽徹寒螢語夜深

游智林寺　政和戊戌　李莊簡公光　時爲令

扁舟來訪小叢林花木通幽院落深旋拂胡牀成午夢閒持貝葉動秋吟竹聲瑟瑟生虚籟山意戔戔入素琴更喜老綱能會事手擕爐銚自相尋

鳳凰山　郎中温革

買作山林客聊游戲劇場栗花收作燭柏子採爲香且放高情

遠都無俗事妨人間正擾擾只得如空王

題常熟　楊備

遠遍江垠傍海壖落帆多是往來船縣庭無訟鄉閭富歲歲多收常熟田

送常熟錢尉　范文正公仲淹

姑蘇臺下水如藍天賜仙鄉奉旨甘梅淡柳黃春尚淺王孫歸思滿江南

送安公歸項山瑞石菴　侍郎王琪

談空二紀餘重比訪閒居身是汾陽嗣囊唯郭璞書公侯倒屣從泉石結茅初山頂收榛栗經秋信莫疎

送燕明仲歸常熟　李彌

東南江海郡瘴霧腥蛟螭土俗異鄉縣客子懷歸思歸思何從返遶道傷百危千戈久未定一水分華夷壯士爭挽強覓爵唾手期而我癡絕甚尚復事毛錐三年行在所短褐風霜欺生理寄茅棟不飽藿與藜苦辛攻積憂欲語聽者誰賴有燕公子好事頗見奇隣墻肯相過情話肝膽披君才駃騠駿不受塵埃羈驤首志千里躡踏風雲垂乃翁名世將先朝補邦基殊勳鼎彝在勁節不少虧後昆德澤盛家衰固未衰

贈常熟賀公叔隱士　　錢塘周邦彥

懷珠崖不枯韞玉山有輝隱驥不言德人自知神奇公叔季眞後不爲世網縻浮沈里閭間身晦道固肥弓旌搜俊良圭衡略無遺難偕集雍鷺寧作曳尾龜慈仁蓋天性惠澤施鰥嫠倒囷

食流冗死墊病有醫人今泣遺愛若見峴首碑肯搆有材子修
德亦庶幾高風自茲顯豈病知者希

寄常熟鍾子充隱居　　錢厚

倦倚吳門思泬寥懷人清致詩滿瓢池塘芳艸夢初斷風雨落
梅魂正銷一百五日寒食節二十四浦春江湖邊知藥圃曉經
斷舍後籬蔬添綠苗

題龍山　　菊磵高九萬

古澗滄浪外精藍縹緲間木枯曾閱世龍老解分山鳥道秋迷
跡禪房晝掩關詩成游子去流水自潺潺

游龍山　　浦城章康

名山久相望今日爲着屐到寺第一義古松互蟠屈一一龍蛇

形風雷氣蕭瑟纓絡檜兩株皆數百年物佛燈耿青熒像設暗
金碧空廊極徘徊老屋共崒兀僧房小槃礴西原訪泉石於其
最幽絕似可便築室因而思古人多有愛山癖要之亦何為一
賞事已畢上方不及登尚或俟他日無非會心處妙同箭鋒直
山靈謂何如移文茲不必作詩留山中併可告來轍

破山雙頭白蓮　少卿陳揆

湘南夜水風露清月明耿耿波益平嬋娟有人步羅襪瓊瑶玉
珮雙娉婷可憐玉骨埋藏久腸斷人間無復有豈知化作蘭若
蓮宿契未忘猶並首想應快意洗塵緣不向謝池爭取妍玻璃
槃中淨土類一心稽首西方仙請君以圖獻天子當與嘉禾並
司史毋令寂寞蘭空山泣月悲雲清夜殘

詩送張安道倚朝散赴闕　趙清獻公抃

君數過予瀫水邊，從容不覺歲華遷。同年契有二千石（郡守大夫勝契最厚），釐務官成三百篇（安道在官著詩盈集）。兩縣子庭俱戲綵（是行開化德興悉是便途），一州僚館競鋪筵（郡官餞席彌旬）。到應禁闥新秋近，喜對威顏咫尺天。

安道作詩慶國鎮高退輒依元韻奉和

里人迎候巷居稀，未老先休世所奇。兩頰朱顏君退速（君年方六十八），滿頭霜髮我歸遲（抃年七十五）。已優游豈顧千種祿，收拾如終一局棋。飲食節調胥壽祉，巔同山下有雷頤。（二詩縣人張氏家藏，墨色如新，今附載于此）

重修琴川志卷第十四

重修琴川志卷第十五

拾遺

石室

在常熟縣海虞山石室凡十所相傳太公避紂居之孟子太公避紂居東海之濱常熟去海近或是歟吳郡志

文學橋銘　壺山黄士毅

魯鄒而降道爲絶學千五百年起濂續洛寥寥閩派久幾復絶再起滄洲教修日揭無極二五在人一源故不同地時生聖賢吳通上國公即遊魯胡然歷世莫踵公武觀迹亦昧吁方肇祠是用作記意嚴灑識嗟予小子世閩產吳敢誦所自滄洲之徒登橋而思刻銘述記期我同心如水游至能令後學本末易明

僞行不作踵公自今

重修琴川志卷第十五終

敘文目録

碑記

常熟縣宰題名記　曾愼
續題名記　陳映
縣丞題名記　張漑
主簿題名記　趙汝郕
縣尉題名記　徐次鐸
社壇壁記　陶任古
修社壇記　詹儀之
修社稷壇記　黄應酉
社壇記　王遂

學

丹陽公祠堂記　朱熹
常熟縣重建學宮記　魏了翁
教育言氏子孫記　袁甫

役

歸政鄉義役記　張攀　　義役記　劉宰
常熟縣端平經界記　杜範　　宣風樓記　王伯廣
大唐蘇州新開常熟塘碑銘并序　劉允文
常熟重開支川記　程公許　　常熟新建順民倉記　郎淑
顧逕左軍記　戴栩
道
虞山招眞治碑　梁昭明太子製　　乾元宮新建紫微殿記　馬莊
乾元宮興造記　沈坰　　乾元宮半山亭記　趙公豫
招眞菴記　康舉之
釋
寶巖院新建佛殿記　陸絳　　勝法禪寺新十方記　陸綰

東靈寺天台教院莊田記 陸嶽之

淨慧禪院看經寮記 夏之文

勝法寺佛像記 周甫

慧日寺修藏記 張珽

頂山瑞石菴記 錢藻

破山光明菴記 仲殊

神祠

破山龍堂記 皮日休

顯靈宣惠侯廟記 魯詹

龍湫亭記 趙時侃

重修福山嶽廟記 李薰

勝法寺轉輪藏記 葉夢得

吳塘接待院莊田記 周甫

大慈寺鐘樓記 居簡

鶩頂山路記 陳于

明因寺改禪院記 陳于

頂山白龍祠記 陸部之

修白龍祠記 傅良

福山東嶽廟記 魏邦哲

題詠

破山寺　唐常建

同

烏目山五題　李堪

破山　莫儔

同　陳與義

同　陸曦

乾元宮　孫應時

極目亭　徐次鐸

秋晨至頂山　孫應時

留題頂山上方　范仲淹

同　唐僧皎然

破山山居八詠　唐僧常達

破山八詠　劉極

同　李光

破山光明菴　僧仲殊

虞山登眺　孫應時

望湖亭　僧仲殊

頂山寺　梅詢

秋晚有懷頂山　孫應時

同　程準

慶元丙辰中夏獨游上方　孫應時
戊午六月宿山禱晴
詰旦喜晴
頂山栗　王伯廣
中峯　劉拯
同　林逋
同　僧仲殊
瑞石菴　孫應時
寶嚴寺　王伯廣
同　姚愈
同　陸職
光淥亭杏花　陳揆
勝法寺　李光
游勝法寺兼簡深公　陸紹
同　孫應時
游智林寺　李光
鳳凰山　温革
題常熟　楊備
送常熟錢尉　范仲淹
送安公歸頂山瑞石菴　王琪
送燕明仲歸常熟　李彌
游龍山　章康

破山雙頭白蓮　陳揆　　詩送張安道僑朝散赴闕　趙抃

安道作詩慶國鎮髙退輒依元韻奉和

余有同年友常熟張燮子和因欲脩常熟志曾屬
覓盧鎮重修琴川志余轉向書林搜訪及覓
得而子和已入詞垣改農部官游三四年
不獲把晤此書遂留篋衍今春子和迎
母入都便過吴門来訪談及此書云志
局吾不在其列雖邑志亦不暇流覽也
曷留鄴架乎余惟志書多舊本此志洵可
收貯遂命工去其前後部葉之破爛者
而重装之與玉峯吴江諸志備吾郡屬

邑不負郭者之典實其庋幾矣此本係曹
彬侯鈔本 潤蘋有契丹國志亦其手鈔
今亦在余處爰并誌之
嘉慶丁巳季冬中澣一日蕘圃黄丕烈書